MUSCULAÇÃO

ANABOLISMO
TOTAL

INSTITUTO PHORTE EDUCAÇÃO
PHORTE EDITORA

Diretor-Presidente
Fabio Mazzonetto

Diretora Executiva
Vânia M. V. Mazzonetto

Editor Executivo
Tulio Loyelo

Assistente Editorial
Talita Gnidarchichi

MUSCULAÇÃO

ANABOLISMO TOTAL

9ª Edição

Treinamento
Nutrição
Esteróides Anabólicos
Outros Ergogênicos

Waldemar Marques Guimarães Neto

São Paulo, 2009

Musculação – Anabolismo Total

Copyright © 1997, 1999, 2000, 2001, 2002, 2004, 2005, 2007, 2009 by Phorte Editora Ltda.
9º edição

Rua Treze de Maio, 596 – Bela Vista – São Paulo – SP
CEP: 01327-000 – Brasil
Tel/Fax: (11) 3141-1033
Site: www.phorte.com.br E-mail: phorte@phorte.com.br

Revisão Redacional: Heloísa M. F. de Almeida Ferreira
Projeto Gráfico e Editoração Eletrônica: André Henrique Santos
Ilustrações e Capa: Fabrício Durante
Impressão: Edelbra Gráfica e Editora

Nenhuma parte deste livro pode ser reproduzida ou transmitida de qualquer forma ou por quaisquer meios eletrônico, mecânico, fotocopiado, gravado ou outro, sem autorização prévia por escrito da Phorte Editora Ltda.

CIP-BRASIL. CATALOGAÇÃO-NA-FONTE
SINDICATO NACIONAL DOS EDITORES DE LIVROS, RJ

G981m
9.ed.

Guimarães Neto, Waldemar Marques
   Musculação : anabolismo total : treinamento, nutrição, esteróides nabólicos e outros ergogênicos / Waldemar Marques Guimarães Neto. - 9.ed. - São Paulo : Phorte, 2009.
   184p. : il.

   Inclui bibliografia
   ISBN 978-85-7655-218-5

   1. Musculação. 2. Esteróides anabólicos. I. Título.

09-1256.
               CDD: 613.71
               CDU: 613.71

23.03.09 25.03.09   011635

Impresso no Brasil
Printed in Brazil

Agradecimentos

Ao meu amigo Kevin Plant que foi o meu primeiro parceiro de treino logo que cheguei à Inglaterra e com quem comecei a reaprender muitos conceitos sobre treinamento. Especial agradecimento ao incansável amigo Leroy Davis que sempre me estimulou a treinar; ao gigante em tamanho e conhecimentos, o Mister Olympia Dorian Yates, com o qual troquei muitas informações; e finalmente ao professor Abdallah Achour Júnior, pelo seu apoio incondicional a este livro.

Sumário

Introdução .... *IX*

CAPÍTULO 1

BASES DA CIÊNCIA DO CRESCIMENTO MUSCULAR *01*
1. Quanto maior a carga maior a massa muscular *03*
2. Hipertrofia ou hiperplasia? *04*
3. Hipertrofia em mulheres *06*
4. Microrrupturas e sobrecargas *07*
5. Células satélite *07*
6. As fibras se adaptam ao tipo de treino *08*

CAPÍTULO 2

TREINAMENTO *11*
1. Definição de série e repetição *14*
2. Definição de força *14*
3. Tipos de trabalho muscular *16*
4. Fatores que influenciam o treinamento *17*
5. Princípios de treinamento Weider *20*
6. Programas de treinamento *27*

CAPÍTULO 3

NUTRIÇÃO *41*
1. Calorias *44*
2. Dieta bem balanceada *46*
3. Proteínas *47*

4. Carboidratos 49
5. Gorduras 54
6. Gorduras essenciais 56
7. Tipos de dieta 58
8. Dietas e outros truques para obter
   o máximo de definição 63
9. Farmacológicos que auxiliam a perder
   gordura e diminuem a retenção hídrica 73
10. Complementos alimentares e outras
   substâncias não farmacológicas 79

CAPÍTULO 4

ESTERÓIDES ANABÓLICOS E
OUTROS ERGOGÊNICOS 91
1. O que são esteróides? 95
2. Mecanismo de funcionamento dos esteróides 96
3. Tipos de esteróides 99
4. Efeitos colaterais 101
5. Esteróides anabólicos e outros medicamentos
   mais utilizados 107
6. Outras drogas mais utilizadas
   no mundo do culturismo 119
7. Como são montadas as séries de esteróides 125
8. Parando de utilizar esteróides 137

CONCLUSÃO 141

REFERÊNCIAS BIBLIOGRÁFICAS 149

APÊNDICE 155

SEÇÃO DE FOTOS 168

Introdução

Congratulações pela aquisição deste livro.

O objetivo deste livro é, em linguagem simples, responder a algumas das dúvidas mais correntes daqueles que se dedicam à musculação, quer com objetivos competitivos quer por satisfação pessoal. Serão abordados os diferentes aspectos envolvidos no treinamento, como bases fisiológicas do crescimento muscular, planos de treinamento, nutrição e uso de agentes ergogênicos.

Recomendamos fortemente que este livro seja lido e estudado na íntegra, pois todos os aspectos do treinamento são interativos. Talvez a musculação seja uma das atividades físicas mais interativas; um aspecto depende do outro. A aplicação deste princípio irá ajudá-lo a se tornar bastante técnico na elaboração de seu treino.

Sem dúvida, no Brasil, temos um grande potencial para o desenvolvimento da musculação em nível competitivo, mas, infelizmente, temos poucos expoentes de nível internacional. Não que queiramos que todos os leitores deste livro cresçam montanhas de músculos, mas atletas de alto nível sempre serão paradigmas para a maioria de todos nós. De acordo com nossa visão, o que falta são treinadores e atletas mais bem informados, já que hoje em dia encontramos em nosso país muitas academias e ótimos produtos da indústria nacional e importados direcionados à musculação, tais como máquinas e complementos alimentares.

Não quero criticar muitos de nossos "personal trainers" de renome e eficiência comprovada, mas, sem dúvida, não são em quantidade suficiente para atender à demanda de toda a comunidade de culturistas.

Todas as informações aqui contidas são baseadas em vários anos de formação como professor de Educação Física de atleta e "personal trainer" radicado já há alguns anos na Inglaterra, onde trabalha e treina, mais especificamente na Templo Gym Academia do mister Olympia Dorian Yates e celeiro de inúmeros outros atletas de alto nível.

Dar-nos-emos por satisfeitos se este trabalho colaborar para que vocês obtenham sucesso em seus treinamentos e talvez ajudar a formar mais alguns campeões.

INFORMAÇÃO É PODER !

BASES DA CIÊNCIA DO CRESCIMENTO MUSCULAR

1. Quanto maior a carga maior a massa muscular

2. Hipertrofia ou hiperplasia?

3. Hipertrofia em mulheres

4. Microrrupturas e sobrecargas

5. Células satélite

6. As fibras se adaptam ao tipo de treino

BASES DA CIÊNCIA DO CRESCIMENTO MUSCULAR

A tendência do atleta jovem e de pessoas de personalidade mais explosiva é de focalizar diretamente o ponto crucial do objetivo que desejam alcançar sem se preocupar com as variáveis que fundamentam os seus objetivos. Estas pessoas, cheias de energia, sempre desejam ir direto ao âmago da questão; porém, a compreensão mais global das ciências e demais coisas da vida auxiliam na conquista dos objetivos e das tomadas de decisão com mais clareza. Assim, comecemos com alguns fundamentos fisiológicos do culturismo.

1. Quanto maior a sobrecarga maior a massa muscular

A relação entre o treinamento com sobrecargas e o crescimento muscular (hipertrofia), apesar de não ser fisiologicamente precisa até os dias de hoje, já se conhece há alguns mil anos. O conto legendário de Milo de Crotona da Grécia antiga ilustra bem este ponto.

Milo, atleta de luta livre, para aprimorar a sua força, levantava um bezerro como exercício diariamente. À medida que o bezerro crescia obviamente crescia a sobrecarga com que Milo realizava o seu treinamento. A reação natural a este processo eram músculos maiores e mais fortes para que Milo pudesse fazer frente à sobrecarga.

Hoje, isto é conhecido como princípio de sobrecarga, sendo que nas academias, ao invés de bezerros, para os principiantes e touros, para os atletas avançados, encontram-se barras, anilhas e demais equipamentos específicos para cada parte do corpo. O objetivo de qualquer forma é um só: **Aumento da massa muscular**.

É importante salientar que, normalmente no início de um programa de treinamento com pesos, é comum observar grande aumento de força sem que ocorra aumento da massa muscular visível. Existem várias evidências que indicam que este aumento inicial de força deve-se a um **maior recrutamento de unidades motoras**. Estas unidades motoras, que são neurônios conectados às fibras musculares, praticamente permaneciam "adormecidas" e com a aplicação da sobrecarga passam a ser ativadas. A hipertrofia do músculo (aumento em volume) ocorre em um estágio posterior desde que o treinamento continue de forma regular e com a aplicação de mais sobrecarga.

E quanto à inatividade física? Se o treinamento regular com sobrecargas provoca aumento da massa muscular, a ausência do mesmo provoca a redução da massa muscular como uma reação natural do organismo. É o que ocorre com alguém que teve o braço engessado por algumas semanas. A inatividade provoca o atrofiamento muscular do membro.

É muito comum entre leigos ouvir que os músculos, "despencaram" após os atletas pararem de treinar musculação ou quando envelhecem. Despencar é um pouco trágico, mas como vimos anteriormente, ocorre uma diminuição da massa muscular, pois o organismo não manterá uma sobrecarga desnecessária em massa muscular que não estiver sendo utilizada regularmente; porém, ao retomar os treinos, a massa muscular anteriormente desenvolvida retornara mais facilmente. Obviamente, não é como começar do zero novamente.

2. Hipertrofia ou Hiperplasia ?

Antes de irmos ao âmago da questão gostaríamos de esclarecer primeiro um ponto que, às vezes, dá margens à confusão. Em nosso organismo existem cerca de 656 músculos considerando-se que muitos deles vêm em pares (**veja os principais na figura 1.1**). Temos dois bíceps, um em cada braço, por exemplo. Quando treinamos, a nossa massa muscular aumenta e não o número de músculos. Já o músculo é composto por fibras musculares (**veja figura 1.2**), sendo que cada músculo contém milhares de fibras. O músculo tibial anterior é composto por aproximadamente 160.000 fibras! O bíceps braquial contém cerca de quatro vezes este número.

FIGURA 1.1 - *As células musculares (fibras) se agrupam e formam feixes ou fascículos.*

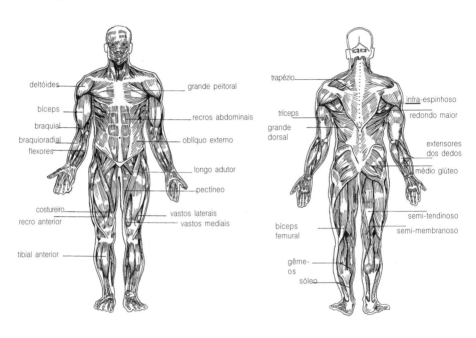

FIGURA 1.2 - *As células musculares (fibras) se agrupam e formam feixes ou fascículos.*

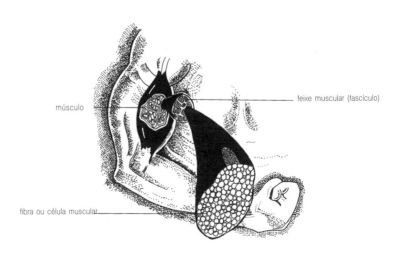

Ganhos em força e resistência muscular são geralmente acompanhados do aumento em tamanho de cada fibra muscular. A isto se denomina hipertrofia.

Hiperplasia, por sua vez, refere-se ao aumento em número de fibras musculares por cisão longitudinal de uma fibra em duas. Ocorre que existem, ainda, algumas divergências científicas quanto às duas teorias. Apesar de a hipertrofia ocorrer com certeza, alguns cientistas são céticos quanto à hiperplasia. Existem diversas evidências científicas da ocorrência de hiperplasia em animais submetidos a esforços específicos; porém, estudos similares em seres humanos não são considerados conclusivos para alguns. Verifique que é muito mais fácil submeter uma galinha a um esforço sistêmico depois matá-la e contar as fibras musculares à luz do microscópio do que convencer um atleta a realizar um treinamento similar e depois se submeter a uma biópsia localizada. A ciência, ainda, encontra algumas barreiras.

De qualquer forma, será que o físico superdesenvolvido de um culturista profissional é puramente o resultado de hipertrofia ou será também devido à cisão de fibras? Creio não haver nada místico quanto à ocorrência de hiperplasia, bem como de hipertrofia, de forma que nós, menos céticos, preferimos apoiar as duas teorias, apesar de suportar também a idéia de que os indivíduos mais propícios a hiperplasia são aqueles submetidos a treinamento mais árduo.

3. Hipertrofia em mulheres

Mesmo quando mulheres e homens obtêm similares ganhos em força, a hipertrofia nas mulheres, geralmente, não é da mesma magnitude que a alcançada nos homens. A hipertrofia muscular é regulada pelo hormônio **testosterona,** que é encontrado em níveis muito maiores em homens do que em mulheres normais. Desta forma, mulheres engajadas em treinamento com pesos não devem se preocupar com maciços ganhos de massa muscular. Mulheres que praticam culturismo, normalmente tomam esteróides anabólicos (testosterona) e outros medicamentos para que possam ter os ganhos em massa muscular otimizado; porém acabam por correr o risco de uma série de efeitos colaterais explicados em detalhes no capítulo sobre Esteróides Anabólicos e outros Ergonênicos.

4. Microrrupturas e sobrecarga

O treinamento com peso (sobrecarga) é tido como o mais eficiente para ocasionar o aumento da massa muscular. Uma das razões para que se instale este processo é a formação de microrrupturas musculares, responsáveis por um processo doloroso pós-treino. Estas microrrupturas são seguidas de reparação tecidual, o que possivelmente conduza a um processo de supercompensação de síntese protéica intracelular, resultando, assim, em uma cadeia de efeitos anabólicos que são responsáveis pela hipertrofia muscular.

Apesar de não haver evidência científica convincente quanto à importância do tipo de trabalho muscular correlacionado com o aumento da massa muscular, sabe-se que o **trabalho excêntrico** é o mais efetivo para provocar estes microtraumas nas fibras musculares e, em decorrência, o aumento das mesmas. Este ponto será mais especificado no item 3 do Capítulo 2.

5. Células satélites

Como vimos, o aumento do volume muscular pode-se processar por hipertrofia e possivelmente por hiperplasia em seres humanos. Existem dois mecanismos pelos quais uma nova fibra pode-se formar. Podem-se dividir em duas por cisão longitudinal, como visto anteriormente, ou também pela ativação de **células satélites**.

As células satélites são células musculares "dormentes" que trabalham no processo de regeneração muscular, ou seja, quando um músculo sofre traumatismo ou quando se treina vigorosamente se acionam as células satélites. A partir daí, elas se proliferam através de mitose celular (divisão celular) e originam assim novas células mioblásticas (célula muscular imatura). Estas novas células mioblásticas podem-se fundir com células musculares já existentes tornando-as maiores (hipertrofia) ou podem-se fundir entre si, originando assim uma nova fibra muscular (hiperplasia).

6. As fibras musculares se adaptam ao tipo de treinamento

Você já parou para observar a diferença do físico de um maratonista e um corredor de curta distância ou a diferença entre um bailarino e um culturista? Torna-se óbvio que existe uma diferença de como a musculatura esquelética reage a diferentes formas de treinamento.

Antes de nos lançarmos em frente, vamos determinar do que basicamente é composto o músculo:

A. De aproximadamente 25-30% de massa muscular composta de miofibrilas que é mais conhecida como proteína contrátil, formada por actina, miosina, troponina e tropomiosina.

B. De aproximadamente 20-30% de sarcoplasma, que é um líquido gelatinoso intracelular.

C. De aproximadamente 10-20% de mitocôndria, que é um fator energético contido em cada célula.

D. De componentes viscoelásticos, tais como os capilares, depósitos de gordura, glicogênio, tecido conjuntivo e outros componentes subcelulares, que constituem a porcentagem restante.

O treinamento de característica aeróbica resulta no aumento da massa mitocondrial, de enzimas oxidativas e densidade capilar. O treinamento de característica anaeróbia, como o culturismo e provas curtas, resulta em músculos mais volumosos, o que seria explicado pelo aumento de miofibrilas, aumento do volume sarcoplasmático e ou aumento de tecido conjuntivo.

Porém, ainda não é tão simples. Ocorre que existem diferentes tipos de fibras musculares em nosso organismo. Da mesma forma que como o número de fibras que cada indivíduo tem, também a porcentagem do tipo de fibra muscular é determinada geneticamente. As fibras musculares podem ser classificadas em dois grandes grupos(ainda existem fibras intermediarias): **Fibras anaeróbias, tipo II ou branca** e **Fibra aeróbia, tipo I ou vermelha** cada grupo tem as suas subdivisões, mas não nos deteremos nelas e sim nas características gerais:

A. As fibras anaeróbias são mais rápidas e não dependem do oxigênio como fonte de energia e sim de substâncias energéticas encontradas dentro da célula denominada de trifosfato adenosina (ATP) e fósforo creatina (CP). Estas fibras só podem ser acionadas por curto período de tempo.

As fibras aeróbias como já diz o nome, utilizam o oxigênio como fonte de energia para a sua contração e podem trabalhar por longos períodos de tempo.

B. Ambas as fibras têm capacidade de produzir energia aeróbia e anaeróbia. Nenhuma fibra é completamente aeróbia ou completamente anaeróbia; pode, sim, haver predominância de uma ou de outra.

C. Há uma intensidade de 100%, todas as fibras trabalham ao mesmo tempo. Com o **passar do tempo** as fibras anaeróbias deixam progressivamente de ser recrutadas e as aeróbias passam a predominar.

D. Ambos os tipos de fibras crescem e se tornam maiores e mais fortes quando submetidas a uma carga de treinamento. As fibras brancas são cerca de 22% maiores em diâmetro que as vermelhas. Por isso, culturistas campeões parecem ser geneticamente mais dotados de fibras brancas.

E. A fibra muscular pode modificar a sua característica até determinado ponto, dependendo do tipo de treinamento que receber. Isso significa que podemos desenvolver maior capacidade de resistência numa fibra branca e aumentar a potência e a força da fibra vermelha através de um programa específico de treinamento. Contudo, é mais fácil conseguir modificações no sentido aeróbio, ou seja, é mais fácil um corredor de 100 metros se tornar um corredor de longa distância do que um maratonista passar a realizar provas curtas.

Depois destes conhecimentos fisiológicos básicos sobre o crescimento muscular, podemos concluir que existem formas diferentes para treinar, dependendo do objetivo de cada um.

Para nós culturistas, toda esta história relacionada com o metabolismo aeróbio (mitocôndria, enzima oxidativa etc...) não diz respeito a ganhos de massa muscular, apesar de que seja conveniente realizar atividades aeróbias em concordância com o treinamento com pesos por questões relacionadas à saúde. Na verdade, o músculo cresce devido à hipertrofia da fibra muscular ou talvez também por hiperplasia. Mas se você estiver mesmo a fim de encolher, corra bastante. Para manter a saúde, cerca de 20-30 minutos de aerobiose 3 vezes por semana é o suficiente para a maioria de nós, muito embora atletas competitivos realizem muito mais aerobiose em fase pré-competitiva, dependendo da quantidade de tecido gorduroso que necessitem perder.

CAPÍTULO II

TREINAMENTO

1. Definição de série e repetição

2. Definição de força

3. Tipos de trabalho muscular

4. Fatores que influenciam o treinamento

5. Princípios de treinamento Weider

6. Programas de treinamento

TREINAMENTO

Não só no culturismo mas na grande maioria dos esportes, o treinamento com sobrecargas (peso) é necessário para melhorar a performance, mas, especialmente para nós culturistas, o treinamento adequado com sobrecargas é fundamental, pois de nada adianta alimentar-se convenientemente, usar complementos alimentares caríssimos e até esteróides, se não houver um estímulo neuromuscular apropriado, pois o exercício físico é o melhor agente anabólico que existe desde que realizado corretamente.

Muito pouco volume e/ou intensidade não promoverá mudanças significativas no corpo; porém, volume e/ou intensidade em excesso pode acarretar mais catabolismo do que anabolismo, além de outros problemas.

Dependendo da especificidade do esporte e das necessidades individuais de cada atleta, o programa de treinamento irá ter características diferentes, de forma que não existe "receita de bolo" para um programa de treinamento de musculação. Para o atleta novo o melhor é experimentar diferentes tipos de treinamento e descobrir qual é o que promove mais ganhos, de acordo com as suas necessidades. Sem dúvida, existe um tipo de treino, que genericamente, vem funcionando para a maioria, mas mesmo assim, de acordo com cada pessoa, pequenas adaptações são sempre necessárias. Neste capítulo iremos estudar alguns princípios básicos para que tenhamos ferramentas apropriadas para elaborar um programa ótimo.

1. Definição de repetição e série

Repetição, refere-se ao número de execuções de um mesmo exercício realizados consecutivamente e, às vezes, com um pequeno intervalo de alguns segundos.

Série, é um conjunto de repetições. As séries são realizadas com intervalos variados.

Um exercício pode ter uma ou mais séries de um determinado número de repetições. Por exemplo:

2 X 6 (duas séries de 6 repetições) de agachamento

Ou seja: Realizam-se seis agachamentos sem intervalo. Pára-se, descansa-se por algum tempo e retorna-se para mais seis repetições.

Outro exemplo:

3 X 8-12 (três séries de 8 a 12 repetições)

2. Definição de força

Ao definirmos força muscular, deparamo-nos com uma série de variáveis e fatores fisiológicos, mecânicos e até psicológicos.

Podemos definir força muscular como tensão que um grupo muscular consegue exercer contra uma determinada resistência em uma situação em que irá variar o volume e a intensidade de trabalho.

Volume. No caso do treinamento com peso, o volume refere-se, principalmente, ao número de repetições que se realizam em cada exercício; e a intensidade refere-se à carga com que o exercício é realizado. De acordo com a modificação das variáveis volume e intensidade iremos caracterizar os diferentes tipos de força: Força Máxima, Força de Resistência.e Potência

Força máxima. A força máxima pode ser estática ou dinâmica. Força estática é sempre maior do que a dinâmica, pois, na dinâmica, a força muscular empregada é maior do que a resistência, pois, se não fosse assim, não haveria movimento. Na estática, a força se iguala à resistência.

Em esportes como levantamento básico e olímpico, a força máxima é mais relevante, muito embora técnica e força explosiva também estejam incluídas. Muitos garotos de academia gostam de tentar fazer supino o mais pesado possível uma só repetição para depois comparar com os colegas. Isto é força máxima.

Potência. É a força diretamente relacionada com a unidade de tempo, ou seja, para uma determinada resistência e deslocamento músculo-articular, quanto menor o tempo de deslocamento, maior é a potência. Ainda, para um mesmo tempo e distância de deslocamento, quanto maior a carga, também maior será a potência. Da mesma forma, se fixarmos o tempo e a carga e aumentarmos a amplitude de movimento também teremos maior potência. Para resumir, podemos dizer que a potência é diretamente proporcional à carga e amplitude do movimento articular é inversamente proporcional ao tempo.

Podemos visualizar esta noção através da seguinte fórmula:

$$P = \frac{F \times D}{T} , \text{ onde :} \quad \begin{aligned} &P = \text{potência} \\ &D = \text{distância de deslocamento} \\ &T = \text{tempo de deslocamento} \end{aligned}$$

Atletas de prova curta, tais como de corrida de 100m e arremesso, utilizam-se de potência e são normalmente os atletas mais musculosos, os mais parecidos com culturistas. Portanto, a característica explosiva do treinamento destes atletas pode ser de interesse para alguns de nós. Neste caso a realização de séries de 1-6 repetições é o indicado.

Força de resistência (resistência muscular localizada). É relacionada com a capacidade muscular de permanecer em atividade durante um longo período.

Atletas que realizam provas de longa duração, tais como os

triatletas e maratonistas, necessitam de muita força de resistência. Treinando com peso para obter resistência, o atleta deve realizar muitas repetições de cada exercício específico com uma carga média baixa, mas nunca tão baixa que permita ao atleta ficar na mesma atividade o dia inteiro. Neste caso, é melhor não perder tempo com pesos e ir realizar um treino específico. Séries de até 25-30 repetições antes de alcançar fadiga, neste caso, é o indicado.

3. Tipos de trabalho muscular.

Teoricamente, o trabalho muscular é dividido em concêntrico, excêntrico e isométrico apesar de que no mundo real, nós humanos, não realizemos nenhum movimento puramente concêntrico, excêntrico ou isométrico, mas sim uma combinação dos três.

3.1. Concêntrico ou positivo. Ocorre quando há um encurtamento muscular ao se deslocar uma carga. Ao realizar uma rosca direta, o músculo realiza um trabalho positivo quando o peso se aproxima dos ombros.

3.2. Excêntrico ou negativo. Ocorre quando há um aumento longitudinal do músculo produzindo um efeito frenador. Este é o trabalho mais eficiente para desenvolver a massa muscular (ver item 4 do capítulo 1). **Liberar vagarosamente o peso após um trabalho positivo é muito eficiente para aumentar força e volume muscular**.

É muito comum ver em academias pessoas praticamente jogando os pesos na fase negativa. Por exemplo, no supino muita gente faz a maior força para empurrar a barra, muitas vezes ajudado por alguém, e, na hora de trazer a barra de encontro ao peito, esta é praticamente jogada com muito pouco ou nenhum controle. Isso ocorre em muitos outros exercícios, tais como agachamento, rosca direta, desenvolvimento... Isso, além de ser muito ineficiente e perda de tempo, ainda pode causar rupturas musculares e de ligamentos.

CONTROLE O PESO NA FASE NEGATIVA E VOCÊ IRÁ OBTER RESULTADOS MUITO MELHORES.

3.3. Isométrico ou estático. Caracteriza-se por contração muscular sem encurtamento ou alongamento das fibras musculares por um determinado período de tempo. Ginastas utilizam muito trabalho estático, como o crucifixo nas argolas e culturistas, quando realizam poses.

4. Fatores que influenciam o treinamento

Nunca podemos nos esquecer do caráter interativo da musculação, onde a tríade, treino, alimentação e uso de ergogênicos caminham lado a lado. Para um ótimo treinamento, todas estas variáveis são de importância fundamental, pois se uma falhar, as outras são prejudicadas. Como neste capítulo nos detemos no treino, os seguintes fatores devem ser considerados.

4.1. Individualidade biológica. Esta variável também é considerada na nutrição, pois cada indivíduo responde diferente a um determinado alimento ou programa de nutrição, e no aspecto ergogênico, como é o caso dos esteróides, onde certos indivíduos parecem ter mais citos receptores abertos para determinados esteróides do que outros.

No aspecto treinamento, a individualidade biológica é considerada, tendo em vista que os exercícios de musculação são direcionados para músculos ou grupos musculares específicos e que cada indivíduo tem a predominância de um ou outro tipo de fibra muscular, fibras lentas, fibras rápidas ou intermediárias, (ver item 6 do capítulo 1). Cada uma destas fibras é mais acionada, de acordo com a manipulação das variáveis volume e intensidade. Desta forma, cada indivíduo responde diferente, de acordo com o tipo de treino.

A determinação científica do tipo de fibra muscular predominante em cada grupo muscular é possível através de dispendiosa análise envolvendo biópsia por agulha ou "scan", mas não há muitos atletas que lançam mão deste expediente, de forma que é pelo méto-

Musculação - Anabolismo Total

do de tentativa e erro que se descobre qual é o tipo de treinamento que melhor atende às suas necessidades.

4.2. Escolha dos exercícios. Um programa de treinamento deve constar de **exercícios básicos ou gerais e específicos**.

Os exercícios básicos são aqueles mais naturais, como agachamento para membros inferiores, supino para peitoral e desenvolvimento para os ombros. Estes exercícios envolvem a ativação de um grande número de fibras musculares do músculo alvo e normalmente requerem a utilização de músculos **sinergistas** (músculo não alvo mas que auxilia o movimento). Por exemplo, no desenvolvimento o tríceps auxilia o ombro. Estes exercícios são utilizados principalmente na base do treinamento quando se quer obter volume muscular e muitas vezes acompanham todas as fases do treinamento, apesar de que muitos atletas não os utilizem em fase de pré-competição.

Os exercícios específicos procuram isolar o músculo alvo, o máximo possível, sendo viável trabalhar angulações diferentes de um mesmo músculo, de acordo com o necessário, sem solicitar muito a ação de músculos sinergistas. Extensão de perna para o quadríceps, voador para o peitoral e levantamento lateral para os ombros são exemplos de exercícios específicos. Normalmente estes exercícios são realizados após um exercício básico e são a escolha para a fase de pré-competição. Alguns atletas afirmam que mais exercícios específicos auxiliam a definição.

4.3. A carga dos exercícios. Este é o peso determinado como resistência durante a série de um determinado exercício. Existem formas de determinar a carga, baseado-se em teste de **carga máxima e de repetição máxima**.

O teste de **carga máxima** é mais complicado e pode causar dano muscular em iniciantes ou se realizado inadequadamente; assim é conveniente seguir estritamente estes passos:

A- Realizar aquecimento geral

B- Realizar uma série de aquecimento do exercício a ser testado com carga bastante baixa para promover aquecimento localizado

18

bem como para verificar a técnica de execução.

C- Determinar uma carga próxima da capacidade máxima do indivíduo testado, o qual deverá realizar uma repetição completa. A determinação desta carga irá depender da intuição do instrutor e da sua experiência. Daí o perigo deste teste. Antes de realizá-lo, verifique se o instrutor tem experiência com este tipo de teste.

D- Caso a primeira carga seja aquém da capacidade máxima, realizar outra repetição com mais carga, tendo um intervalo mínimo de 2 minutos entre tentativas. Realizar um máximo de 3 tentativas. Se a carga inicial for acima da capacidade reduzir a carga e realizar, no máximo, mais 2 tentativas.

E- Caso, após a última tentativa, não se tenha alcançado a carga máxima passe-se para outro exercício e teste-se novamente o exercício pendente no final do teste ou em outro dia.

F- Dispondo-se da carga máxima, atribui-se a ela o valor de 100%. A partir daí utilizam-se, como referência, os valores de 40-60% da carga máxima para trabalho de resistência muscular localizada, 80-100% para trabalho de potência e de 80-90% para trabalho de hipertrofia.

Pelo acréscimo de força resultante do treinamento, principalmente para iniciantes nos quais o aumento de força é muito rápido, é necessário refazer o teste periodicamente.

Já a **repetição máxima (RM)** é a carga que permite ao atleta realizar um número "X" de repetições e não um número "X+1" . Desta forma 8 RM corresponde à carga que permite a realização de 8 repetições mantendo-se boa forma de execução do exercício, porem não mais de 9 repetições. A nona já seria excessiva.

Para trabalho de RML sugerimos carga de 12-25 RM, para potência, carga de 1-3RM e para hipertrofia, carga de 6-12 RM.

4.4. Intervalo entre as séries/exercícios. Existem muitas pessoas que vão à academia, mais para bater papo e paquerar do que para outra coisa. Escolha completamente justa; mas se você quiser obter ganhos apropriados e não perder tempo, é melhor não parar no meio do seu treino para ficar meia hora de conversa com alguém. Realize o seu treino e seja social depois.

O intervalo entre as séries e os exercícios deve ser o mínimo possível, o suficiente para a recuperação muscular, de forma que você consiga realizar eficientemente a próxima série/exercício. Só assim, combinando-se carga adequada e execução é que se consegue saturação e conseqüentemente adaptação muscular (aumento de força e hipertrofia). Normalmente, este intervalo varia de 1 a 3 minutos, dependendo da intensidade da série/exercício.

4.5. Repouso entre os treinos. Atletas iniciantes podem treinar com mais freqüência. Em fase de adaptação, o mesmo músculo pode ser treinado a cada 72 horas sem que haja sintomas de supertreinamento, desde que a adaptação seja bem feita, é lógico. Atletas em séries intermediárias devem dar um intervalo de 72- 96 horas, enquanto atletas em séries avançadas devem dar um intervalo de 6-8 dias antes de treinar novamente o mesmo grupo muscular. Pelo menos isto é valido para a maioria dos grupos musculares, apesar de que alguns atletas treinem abdômen e panturrilha com mais freqüência para obter melhor resultado.

5. Princípios de treinamento Weider

Vamos iniciar dando crédito a quem merece: Joe Weider. Este norte-americano é o responsável pelo nível que o culturismo alcançou hoje. Ele não inventou o culturismo, mas a indústria do culturismo não existiria se não fosse ele e sem ela não teríamos Arnold Schwarzenegger, Lee Honey, Dorian Yates e muitos outros.

Os princípios de treinamento Weider criaram o fundamento para o culturismo moderno e são mencionados no dia a dia em academia e conversa entre atletas. Iremos agora resumir os principais:

5.1. Treinamento progressivo. Este princípio refere-se à adição de cargas progressivas, ou seja, para que o músculo se torne maior e mais forte é necessário adicionar mais carga periodicamente, bem como aumentar o número de séries e de sessões de treino e, ao mesmo tempo, diminuir o tempo de repouso entre as séries.

Comentário: Este princípio é utilizado principalmente por iniciantes na musculação, pois estes têm um aumento inicial de força muito rápido. Atletas mais avançados, muito embora também continuem a adicionar peso aos exercícios, trabalham de uma forma mais sofisticada, utilizando uma combinação dos outros princípios.

5.2. Treinamento em série. Este princípio preconiza a realização de 3 a 4 séries para cada exercício a fim de chegar à completa exaustão de cada grupo muscular e obter assim máxima hipertrofia.

Comentário: Este princípio é de igual modo mais conveniente para principiantes se considerarmos o programa de treinamento como um todo. Atletas avançados realizam números de séries diferentes. Às vezes apenas uma série de um determinado exercício e 4 de outro, por exemplo.

5.3. Treinamento Isolado. Um músculo pode trabalhar relativamente isolado ou auxiliado por outros músculos. Cada músculo colabora de alguma forma para o movimento, funcionando como estabilizador, como agonista ou sinergista. Para desenvolver um músculo ao máximo é necessário isolá-lo da ação destes músculos auxiliares. Isto se consegue por meio da mudança de posições anatômicas.

Comentário: Nem todo o treinamento pode obedecer a este princípio, pois muitos exercícios excelentes acabam por envolver músculos auxiliares inevitavelmente, como é o caso dos exercícios multiarticulares (envolve mais de uma articulação no trabalho). Como exemplo, podemos citar o desenvolvimento para o deltóide, onde o tríceps também tem de trabalhar.

5.4. Confusão Muscular. Este princípio evita que o músculo se adapte a um determinado tipo de exercício ou a uma rotina específica de treinamento. Os músculos nunca devem se acomodar, pois para crescer, necessitam estar continuamente em estresse. Para isto varia-se constantemente o exercício, séries, repetições, ângulo de pressão, de forma que não se dê oportunidade para que o músculo se acomode.

Comentário: Este princípio de confusão muscular deixa muita pessoa confusa. Ocorre que, na intenção de utilizar este príncipio, alguns atletas acabam por mudar tanto os exercícios que não sabem mais a carga que utilizam para cada um, até descobrirem ou relembrarem qual é a melhor carga, o treinamento já acabou e assim por diante.

Mudar alguns exercícios periodicamente e um de cada vez para cada grupo muscular é mais prudente e evita que você acabe confuso.

5.5. Treinamento Prioritário. Preconiza o treinamento dos pontos corporais mais fracos em primeiro lugar quando a energia corporal é maior. O músculo se desenvolve com um certo grau de intensidade de treinamento e esta intensidade só é atingida quando a energia está em alto grau. Por exemplo, se em um dia de treinamento está programado treinar abdômen, bíceps e ombro, e se o seu ombro necessita de mais desenvolvimento, a este será dada a prioridade, ou seja, comece a treinar o ombro primeiro. Mesmo na série de ombro, se o seu deltóide posterior é mais fraco que o médio ou anterior, treine primeiro o posterior.

5.6. Treinamento em pirâmide. O objetivo deste princípio é aquecer o músculo progressivamente antes de utilizar a carga máxima para um determinado exercício e assim evitar riscos de ruptura de tecido mole. Começa-se com 15 repetições e 60% da carga máxima como aquecimento e depois acrescenta-se peso e realizam-se 10-12 RM e finalmente realizam-se 5-6 RM, o que corresponderá aproximadamente a 80% da carga máxima.

Comentário: Exercícios gerais de aquecimento, incluindo aquecimento cardiorrespiratório e exercícios de alongamento, é conveniente antes de iniciar o treino principal e antes de iniciar cada grupo muscular é bom alongar novamente, mas não rigorosamente, e sim só em nível de aquecimento. Esta é uma forma de avisar o músculo que esforço físico está para vir. Outros sistemas de treinamento não obedecem exatamente à recomendação do princípio em pirâmide mas se realiza, por exemplo, uma série de aquecimento com 8-12 RM e mais uma ou duas séries de 6-8 RM.

5.7. Treinamento dividido. Segundo Weider, após um período de adaptação de 3 meses realizando um treino básico, três vezes por semana, pode ser que o indivíduo queira aumentar a intensidade de treinamento. Para isso é preconizada a divisão do treino em duas partes, sendo que na primeira, treina-se a parte superior do corpo utilizando-se aproximadamente 8 exercícios, e na segunda, treina-se a parte inferior com a realização de 6-8 exercícios. Desta forma, é possível concentrar mais energia para as diferentes partes do corpo, já que estas partes são treinadas em dias diferentes, sendo possível assim desenvolver um físico maior e mais simétrico.

Comentário: esta é uma divisão muito utilizada para culturistas que acabaram de realizar a fase de adaptação. Treinos mais avançados são divididos em 3 ou 4 partes. Desta forma, em cada dia treina-se de 1 a 2 regiões musculares, havendo assim um intervalo de 6 a 8 dias entre os treinos para os mesmos grupos musculares. Só assim, cada parte pode ser treinada com o máximo de intensidade. Ainda existem atletas que dividem o treino em dois durante um dia, de forma que cada músculo é treinado em um período diferente do dia, mas, para isso, é necessário ter muito tempo disponível ou morar na academia.

5.8. Treinamento por fluxo. Segundo este princípio, para obter ótimo crescimento é necessário haver suficiente irrigação sangüínea permanente em um determinado músculo. Para se conseguir isso, treina-se de 3 ou 4 exercícios para um mesmo músculo em seqüência, sem realizar nenhum outro exercício para outro grupo muscular entre estes exercícios específicos. Desta forma, todo o fluxo sangüíneo é direcionado para uma região específica.

Comentário: Para determinados grupos musculares existem atletas que utilizam apenas um exercício. Estes atletas normalmente já têm estes músculos bastante desenvolvidos, de forma que não têm muito com que se preocupar. Outros atletas, realizando dois ou mais exercícios e acabam por catabolizar o músculo ao invés de fazê-lo crescer. Isto é comum acontecer com alguns atletas teimosos que são obcecados com o tamanho do braço, passam a realizar inúmeros exercícios e ao invés de aumentar o tamanho deste poderoso símbolo de vitalidade sexual acabam por estabilizá-lo ou até diminui-lo. Para descobrir qual o número ideal de exercícios e o peso conveniente para você, é só mesmo através do famoso método de tentativa e erro que se aprende, com meses, senão com anos de treinamento.

5.9. Super-série. Este é um princípio Weider bastante comentado que preconiza agrupar dois exercícios para grupos musculares opostos e realizá-los alternadamente, como é o caso do bíceps e do tríceps. Realiza-se, por exemplo, uma rosca direta e em seguida uma rosca testa com pouco ou nenhum intervalo entre elas. O sistema super-série é comprovadamente eficiente do ponto de vista neurológico. Testes comprovam que fazendo-se uma série para tríceps e outra para bíceps melhora-se o índice de recuperação do tríceps e vice-versa.

Comentário: Este princípio parece útil principalmente quando em alguma fase do treino se resolva treinar braço (bíceps e tríceps) em um dia. Treinos avançados destes músculos se fazem normalmente em dias separados, mas eventualmente você pode resolver agrupá-los.

5.10. Série combinada. Neste caso, dois exercícios diferentes para um mesmo músculo são executados um após o outro sem intervalo. Por exemplo, rosca direta e rosca alternada para bíceps, rosca testa e extensão de braço com cabos para tríceps ou voador e supino para peitoral. O objetivo deste princípio é utilizar todo o potencial do músculo treinado em angulações diferentes para atingir o maior número possível de fibras musculares.

5.11. Treinamento em ciclo. Durante uma parte do treino anual, deve-se desenvolver rotinas para desenvolver massa e força muscular. Durante outra parte do ano, deve-se desenvolver rotinas com menos peso e mais repetições e pouco repouso entre as séries. Desta forma, evitam-se lesões musculares enquanto se obtém desenvolvimento progressivo.

Comentário: Este princípio no meio esportivo é também conhecido como periodização e pode ser manipulado de várias maneiras de acordo com a condição de cada atleta e o quadro anual de competições. Adiante voltaremos ao aspecto periodização.

5.12. Isotensão. Consiste em tensionar um músculo e mantê-lo em tensão máxima por 3-6 segundos. A tensão isométrica deve ser realizada 3 vezes. Este tensionamento melhora o controle neuromuscular e auxilia a obter definição e pico muscular.

Comentário: Este treinamento também conhecido como isometria é aplicado quando da realização de poses, sendo que atletas competitivos intensificam estas poses pelo tempo de 1a 2 meses antes dos campeonatos e é tudo o que realizam na semana que antecede a competição. A isotensão também é utilizada durante exercícios com pesos. Normalmente após 3-5 repetições normais, realizam-se mais 3-4 repetições, mantendo-se isotensão ao final de cada repetição. Alguns atletas utilizam esta técnica após cada repetição. Este tipo de treino é bastante efetivo para bíceps, tríceps, bíceps femural e peitoral quando se executa o voador e cruzamento de cabos e o levantamento lateral para deltóide.

5.13. Repetição forçada. Isto ocorre quando um companheiro de treino ajuda a execução de mais algumas repetições após você ter atingido o seu ponto máximo do esgotamento muscular para o determinado exercício, queremos dizer, quando seria impossível realizar mais uma repetição em boa forma. Esta ajuda não ocorre em toda a trajetória do movimento positivo, mas sim na fase final do mesmo, quando normalmente se realiza a isotensão. Um máximo de 2 ou 3 repetições forçadas é normalmente utilizado.

Comentário: Este é um princípio de treinamento que só deve ser utilizado por culturistas experientes que tenham passado da fase de adaptação, pelo menos. Cuidado para que o seu companheiro de treino não faça o exercício no seu lugar. É muito comum ver em academias parceiros de treino realizando "rosca direta" enquanto só deveriam estar ajudando a repetição forçada de supino. De fato esta ajuda deve ser mínima, um pequeno toque para vencer o momento de força na fase de maior tensão do exercício. Se a ajuda tiver de ser muita, isto quer dizer que o peso e/ou o número de repetições é demasiado.

5.14. Drop Set. Neste princípio uma série é realizada até o esgotamento total, quando então o peso é diminuído (aproximadamente em 40%); a série é então imediatamente continuada até novamente obter o esgotamento total. Normalmente, esta diminuição de carga só é realizada uma vez, mas uma tripla ou quadrupla diminuição eventualmente é utilizada.

Comentário: Este princípio ordinariamente é utilizado quando se tem à disposição um companheiro de treino que se encarrega de diminuir a carga enquanto você respira por alguns segundos antes de pegar pesado novamente. Este é outro princípio que não deve ser utilizado por iniciantes.

5.15. Pré-exaustão. Quando se treina um grupo muscular começando-se com um exercício básico, como o supino para o peitoral, um músculo menor envolvido no movimento, como o tríceps no caso, normalmente irá se esgotar antes do que o peitoral, de forma que o músculo alvo não poderá treinar em toda a sua capacidade. Para evitar isso, primeiro se utiliza um exercício que tenha como objetivo atingir o músculo alvo diretamente, sem que se utilize significativamente nenhum outro músculo menor. Dessa forma você estará exaurindo o músculo alvo, quando passar para o exercício básico, o músculo alvo não será prejudicado pelo músculo menor, pois aquele já estará "cansado".

Exemplo de exercícios de pré-exaustão:

- Voador, crucifixo ou cruzamento de cabos antes de supino;

- Pull over antes de puxada para dorsal;

- Extensão de perna antes de agachamento;

- Levantamento lateral antes de desenvolvimento.

Comentário: Repare que realizando um exercício de pré-exaustão você estará inabilitado para utilizar a mesma carga no exercício principal, caso não tiver realizado a pré-exaustão, mas não se preocupe, pois isto não diminuirá a efetividade do seu treino e sim a tornará mais eficiente. Aconselhamos, entretanto, a utilizar este princípio por algum tempo durante o seu ciclo de treinamento.

Existe o consenso entre a maioria dos culturistas de que em treinamento pré-competição é melhor realizar primeiro exercícios gerais, tais como supino e agachamento, e deixar os exercícios específicos para depois. Só assim após aquecer o músculo como um todo, podem-se utilizar exercícios específicos para trabalhar cada angulação e definir melhor a musculatura. Desta forma, deixaríamos os exercícios de pré-exaustão para uma fase fora de temporada.

5.16. Série negativa. Não confunda com repetição forçada. Neste princípio o companheiro de treino auxilia toda a fase positiva do movimento após você ter alcançado o esgotamento total. Preocupe-se em controlar o movimento negativo como foi mencionado anteriormente no item 3 deste capítulo.

6. Programas de Treinamento

A elaboração de um programa de treinamento de musculação envolve uma série de variáveis que devem ser consideradas. Não é apenas chegar a uma academia e ir diretamente para um banco de supino ou para um voador, como parece mais atrativo, colocar um monte de peso e malhar. Desta forma, com certeza as suas expectativas de melhora da condição física poderá acabar em frustração e muita dor muscular.

O mais aconselhável é procurar uma academia com equipamentos adequados e principalmente com um instrutor eficiente. Não meça a capacidade do instrutor por suas dimensões corporais, pois muitas vezes o diâmetro do braço é muito maior que o diâmetro do cérebro. O melhor é que o instrutor tenha formação profissional em Educação Física ou Fisioterapia. Este, entre outras ciências, estuda anatomia, fisiologia do esforço, cinesiologia e bioquímica. Estas são algumas ciências essenciais para entender a complexidade da prescrição de um treinamento. Porém, não se fie só nisto, pois estes cursos, muitas vezes, não enfatizam o treinamento de musculação e você poderá acabar na mão de um instrutor que sabe mais sobre educação escolar do que sobre musculação, e assim você irá acabar fazendo recreação com pesos ao invés de treinar sério. Se o seu instrutor, além de ser graduado, ainda tiver um físico bem desenvolvido, melhores são as chances de que ele saiba do que está falando. Não podemos deixar de considerar aqueles indivíduos autodidatas que não estiveram em universidade mas que conhecem mais da matéria que muito Phd em Educação Física por aí. Fique longe de curiosos!

6.1. Avaliação Física

Esta é uma ferramenta bastante útil para monitorar o seu progresso com base em testes científicos para discriminar variáveis morfológicas (composição corporal, somatotipo e medidas circunferências e lineares) e variáveis funcionais (capacidade aeróbia, anaeróbia, força e flexibilidade).

Hoje em dia, quase toda academia tem disponível um programa de avaliação física. Antigamente, costumava-se medir apenas o peso e algumas medidas circunferenciais, mas estas são variáveis muito pobres, pois não discriminam o peso em gordura e o peso da massa magra (peso do corpo menos a gordura). Porém, ainda existem academias que estão na idade da pedra e só oferecem estas medidas.

A tendência do que treina adequadamente é modificar significativamente a composição corporal principalmente na fase inicial do treinamento. A massa magra aumenta e a gordura corporal diminui. Este fator pode ser confuso, se você não tem meios de discriminar a sua composição corporal, se você é gordinho e deseja perder gordura. Ocorre que a massa magra, por ser mais densa do que a gordura, pesa mais do que esta, sendo que a mudança da composição corporal, às vezes, representa aumento de peso na balança e o gordinho poderá pensar que, ao invés de estar emagrecendo, está engordando mais ainda. Na verdade, se todas as variáveis do treinamento estiverem sob controle, o gordinho na verdade estará melhorando a sua composição corporal.

Além do gordinho, todo mundo tem a curiosidade de saber o percentual de gordura corporal que possui, sendo que o atleta competitivo passa a ter base sólida para monitorar a sua gordura corporal durante o ano todo e principalmente na fase pré-competição.

Além do cálculo da composição corporal uma avaliação física pode oferecer dados importantes quanto a sua capacidade aeróbia, força, flexibilidade, problemas posturais etc. Portanto, procure fazer avaliações físicas periódicas.

Neste livro serão citadas séries de exercícios, porém não me preocuparei em descrever a forma de execução nem tão pouco em editar as famosas fotos com posição inicial e final de cada exercício. Para isso, a literatura é muito vasta, além do que um bom instrutor de academia poderá sanar qualquer dúvida a respeito.

6.2. Programa para principiantes

Tendo feito a sua avaliação física e constatado que está tudo bem partimos para um programa de adaptação que tem como objetivo:

- Aprendizado motor dos exercícios;

- Adaptação progressiva das articulações e músculos para o treino com peso;

- Base para o treino especifico (RML, potência, endurance ou hipertrofia).

Caso o iniciante nunca ou há muito tempo não tenha contato com pesos, não tenha nenhuma experiência esportiva significativa e seja muito fraco (condição detectada com a avaliação física), o melhor é iniciar muito lentamente com uma série de 12-15 repetições em cada exercício (1 X 12-15), utilizando não mais do que 40-50% da carga máxima. Dependendo do progresso do iniciante, esta condição pode ser mantida por 1 a 3 treinamentos. A partir daí, adiciona-se mais uma série de cada exercício por mais 2 a 4 treinos quando então se passa a aumentar a carga progressivamente.

Antes de iniciar qualquer série específica com pesos, é importante realizar exercícios gerais de aquecimento que poderão ser exercícios de alongamento e exercícios intermitentes como uma rápida corrida, bicicleta ou mesmo uma caminhada. Para isso ,você não deverá gastar mais do que 10 minutos. Muita gente se esgota em atividades aeróbias antes dos exercícios específicos com pesos, o que prejudica o desempenho e o ganho de massa muscular. Atividades aeróbias são muito importantes, como foi mencionado anteriormente, mas devem ser realizadas em outra hora do dia ou em dia diferente daquele em que se realiza o treino específico de musculação.

A. Série de adaptação 1

Exercício	de 1 a 3 treinos	de 2 a 4 treinos	em diante
Leg press	1 X 12-15	2 X 12-15	3 X 12-15
Extensão de perna	"	"	"
Voador ou supino	"	"	"
Pulley alto	"	"	"
Desenvolvimento	"	"	"
Rosca direta	"	"	"
Rosca tríceps	"	"	"
Abdominal	"	"	"

A tendência de quem está começando é achar que uma série

como esta não está com nada; afinal não se demora mais do que 30 minutos para completá-la e muita gente acha que, se está pagando a academia, tem mesmo é que malhar até dobrar. Parece absurdo, mas muitos donos de academia também pensam assim. Neste caso, o que eles querem é impressionar os alunos. Ocorre que musculação é paciência e, se você não tiver paciência estará fadado ao fracasso. Portanto, pegue leve no começo e aumente as cargas progressivamente ou encostará o umbigo no balcão da farmácia rapidamente atrás de miorrelaxantes e antiinflamatórios.

B. Série de adaptação 2

Exercício	de 1 a 2 treinos	de 1 a 2 treinos	em diante
Leg press	1 X 8-12	2 X 8-12	3 X 8-12
Extensão de perna	"	"	"
Flexão de perna	"	"	"
Supino	"	"	"
Voador ou crucifixo	"	"	"
Remada curvada	"	"	"
Pulley alto	"	"	"
Desenvolvimento	"	"	"
Levantamento lateral	"	"	"
Rosca direta	"	"	"
Rosca tríceps	"	"	"
Abdominal	"	"	"

Após algumas semanas na série 1, o iniciante poderá passar para a série 2. O tempo de permanência em cada série irá depender da evolução de cada um, sendo que cada treino deve ser realizado de 2 a 4 vezes por semana. Treinar uma vez por semana neste estágio é perda de tempo e mais do que 4 não é aconselhável também. A resis-

Musculação - Anabolismo Total

tência, nesta fase, pode ser aumentada para 50-70% da carga máxima. Para mulheres, podem-se acrescentar exercícios específicos, tais como adução e abdução de membros inferiores e exercícios para os glúteos.

6.3. Programa intermediário

Passado a fase de adaptação, o iniciante começa a realizar mais exercícios para cada grupo muscular. Como não é aconselhável realizar mais do que 8-10 exercícios em um só treino, o jeito é dividir o treino. Inicialmente, como passo intermediário, divide-se o treino em 2 e mais adiante divide-se o treino em 3 ou 4. Desta forma cada grupo muscular será estimulado novamente a cada 5 - 8 dias.

A tendência do leigo é pensar que quanto mais treinar, melhor, talvez seis vezes por semana, três horas por dia. Quem adotar este sistema logo irá observar que estará estafado e com sintomas de excesso de treinamento, e em função disto não estará obtendo nenhum ganho, provavelmente estará perdendo massa muscular. A experiência entre atletas demonstra que treinar apropriadamente um músculo a cada 5-8 dias é o melhor para obter ganhos. Observe que isto não é válido para adaptação onde as cargas e os exercícios são em menor número. Em um treinamento dividido, as cargas são muito maiores e o músculo deve ser treinado até o esgotamento total, de forma que a reparação tecidual das microrrupturas provocadas pelo treinamento leva muitos dias. Treinar antes disto é bobagem!

Série dividida em dois

Dia A:	Perna	**Dia B:**	Peitoral
	Dorsal		Ombro
	Bíceps		Tríceps
			Abdominal

32

Dias da semana:	segunda	terça	quarta	quinta	sexta	sábado	domingo
semana 1	A		B		A		
semana 2	B		A		B		

Note que você treinará três vezes por semana intercalando os treinos A e B durante as semanas. Nos dias de intervalo, você poderá incluir atividades aeróbias, tais como corrida, bicicleta e natação. Certifique-se de que o seu condicionamento aeróbio está em dia, pois há muito culturista que não se preocupa com isto, mas apenas com a sua aparência externa. De nada adianta ter músculos poderosos, se o seu sistema cardiovascular não estiver dentro de padrões mínimos de saúde. É provado que existem melhoras aeróbias em indivíduos que só realizam treinamento com pesos, mas estas não são significativas; além disso um organismo condicionado aerobiamente é mais propício a utilizar gordura eficientemente como fonte de energia.

6.4. Série Avançada

Passada a fase de adaptação e a fase intermediária o que terá durado pelo menos alguns meses, você, à princípio, estará preparado para pegar no pesado. Para isso, adaptações musculares e articulares já deverão estar instaladas e você mesmo, ao espelho, já terá notado modificações visíveis no seu corpo; provavelmente, alguma calça ou camisa estará um pouco apertada e já terá sido deixada de lado, mas a melhor forma de verificar isso é através da "avaliação física" com a qual você poderá obter subsídios sólidos quanto a sua evolução e saber se pode ou não passar para uma série avançada.

Em um programa avançado cada músculo é treinado até o esgotamento total de cada fibra muscular. Para isto princípios de repetição forçada, série negativa e "drop set" são utilizados muito freqüentemente.

A cada treino você deve tentar se superar. O segredo é conduzir o músculo a um estágio em que ele ainda não esteve. Para isso, mais uma repetição quando você pensa que está tudo aca-

bado é o que fará a diferença ou uma carga superior ao do treino anterior; esta é a única forma de obter adaptação muscular em estágios avançados.

Repare que um treinamento avançado é árduo e você irá sentir o músculo treinado no dia por, pelo menos, mais uns 2-4 dias. Não é incomum atletas sérios terem de dar um dia extra de descanso, pois sentem que, às vezes, 6 ou 7 dias não foram suficientes para recuperar a musculatura treinada. Acreditem, este é o único caminho para obter ótimos ganhos e ultrapassar o padrão da mediocridade.

A. Série dividida em três

Dia A: Perna	**Dia B:** Peito	**Dia C:** Dorsal
	Tríceps	Bíceps
	Ombro	Abdominal

Dias da semana:	segunda	terça	quarta	quinta	sexta	sábado	domingo
	A		B		C		

Ou :

Dias da semana:	segunda	terça	quarta	quinta	sexta	sábado	domingo
semana 1	A		B		C		A
semana 2		B		C		A	
semana 3	B		C		A		B
	"		"		"		"

Na primeira divisão, cada músculo será treinado apenas uma vez por semana, sendo que o membro inferior é treinado individualmente por ser o maior e o mais árduo de treinar. Se a sua perna estiver nas dimensões que deseja, você poderá isolar um ou outro músculo que necessite de mais desenvolvimento. Ainda, nesta divisão, no dia que se treina peitoral e ombro também se treina tríceps, ou seja, é o dia de empurrar. No dia que se treina dorsal, também se treina bíceps, ou seja, é o dia de se puxar. Como vantagem, o bíceps e o tríceps só são acionados uma vez por semana tendo em vista que os outros grupos musculares treinados no dia são os que se utilizam como sinergistas, de forma que bíceps e tríceps terão uma semana para total descanso. Como desvantagem, estes músculos não poderão ser treinados com muita sobrecarga; eles não estarão 100% descansados quando forem treinados, pois que já foram acionados anteriormente como sinergistas. Aconselho utilizar esta divisão por algum tempo e depois mudar para a seguinte:

Dia A: Peito	**Dia B:** Perna	**Dia C:** Dorsal
Ombro		Tríceps
Bíceps		Abdominal

Dias da semana:	segunda	terça	quarta	quinta	sexta	sábado	domingo
	A		B		C		

Neste caso, o tríceps e o bíceps poderão ser treinados com mais eficiência, pois não terão sofrido ação anterior. Porém, não poderão ser recuperados totalmente, pois serão ativados duas vezes por semana.

Note que a segunda forma de dividir a série em três é treinando um dia sim e um dia não; dessa forma um mesmo músculo será treinado a cada seis dias. A desvantagem para alguns, é ter que treinar um domingo sim e um domingo não, e infelizmente muitas academias não abrem aos domingos, além do que muita gente, como nós mesmos, preferimos concentrar o domingo para o lazer e outras atividades.

B. Série dividida em quatro

Dia A: Perna	**Dia B:** Dorsal	**Dia C:** Ombro	**Dia D:** Peitoral
	Abdome	Trapézio	Bíceps
		Tríceps	

Dias da semana:	segunda	terça	quarta	quinta	sexta	sábado	domingo
	A		B	C		D	

Ou:

Dias da semana:	segunda	terça	quarta	quinta	sexta	sábado	domingo
semana 1	A		B		C		D
semana 2		A		B		C	
semana 3	D		A		B		C
"		"		"		"	

Este é o tipo de divisão de série usado pela maioria dos culturistas competitivos sérios que conhecemos - inclua-se aí o grande Dorian Yates. Esta divisão normalmente é utilizada durante todo o ano, quer na fase extra-temporada (off-season) quer na pré-competição (precontest). O que varia é a carga e a disposição de alguns exercícios. Na fase pré-competição, as cargas devem ser ligeiramente mais leves, em torno de 20-30%, e o número de repetições um pouco maior, de 1-3 repetições a mais. Ocorre que, quando em dieta pré-competição, o potencial de força é menor e se você quiser manter a mesma carga, poderá correr o risco de rompimento de tecido mole.

6.5. Exercícios recomendados para cada região muscular nas séries divididas

A. Perna

Quadríceps 1:

1-Agachamento	1-2 séries de aquecimento + 2 X 5-8
2-Pressão de Pernas	1 série de aquecimento + 2 X 5-8
3-Agachamento Hack	1 X 5-8
4-Extensão de Perna	2 X 8-10

* Na última série ou nas duas séries de Extensão de Perna o Uso de Drop Set e uma boa opção.

Quadríceps 2 :

1-Agachamento no cursor	1-2 séries de aquecimento + 2 X 5-8
2-Agachamento Hack	1 série de aquecimento + 2 X 5-8
3-Pressao de perna	1 X 5-8
4-Extensão de perna	2 X 5-8

* Muitos atletas não realizam o agachamento e utilizam o cursor no lugar. Muito embora o agachamento seja considerado por muitos o melhor exercício de musculação, para outros representa um certo perigo na execução, além do que o exercício no cursor parece concentrar-se mais no quadríceps e menos em músculos auxiliares. Particularmente, aconselhamos variar periodicamente.

Bíceps femural:

1- Flexão de Perna	1-2 séries de aquecimento + 2 X 5-8
2- Flexão unilateral de perna na máquina vertical	2 X 5-8
3- Levantamento terra com o joelho estendido	2 X 5-8 (não realize este exercício se você tiver problemas de coluna)

Panturrilha :

1-Extensao de pé sentado	1-2 séries de aquecimento + 2 X 10-12
2-Extensao de pé em posição hortostática	1 série de aquecimento + 2 X 10-12

* em ambos os exercícios Drop Set é muito utilizado.

B. Dorsal

1-Pull over	1 série de aquecimento + 2 X 5-8
2-Puxada alta no pulley atrás do pescoço	1 série de aquecimento + 2 X 5-8
3-Remada curvada na barra	1 série de aquecimento + 2 X 5-8
4-Remada curvada sentado com pegada fechada	1 série de aquecimento + 2 X 5-8
5-Flexão de tronco na mesa Romana	1 série de aquecimento + 2 X 5-8

* O Pull Over neste caso é utilizado como exercício de pré-exaustão.

C. Peitoral 1

1-Supino plano	1-2 séries de aquecimento + 2 X 5-8
2-Crucifixo	1 série de aquecimento + 2 X 5-8
3-Supino inclinado	2 X 5-8
4-Cruzamento de cabos	1 X 8-10

Peitoral 2

1-Voador	1-2 séries de aquecimento + 2 X 5-8
2-Supino plano	1 série de aquecimento + 2 X 5-8
3-Supino inclinado	2 X 5-8
4-Cruzamento de cabos	1 X 8-10

* Note que em peitoral 2, o voador é utilizado inicialmente com o objetivo de exaurir o peitoral antes do supino que envolve muito a ação do tríceps.

D. Ombro e Trapézio

1-Desenvolvimento	1-2 séries de aquecimento + 2 X 5-8
2-Levantamento lateral	1 série de aquecimento + 2 X 5-8
3-Crucifixo invertido	1 série de aquecimento + 2 X 5-8
4-Remada alta	1 série de aquecimento + 2 X 5-8
5-Elevação de ombros	1 série de aquecimento + 2-3 X 8-12

* Como o ombro é uma articulação bastante complexa, com uma rede muscular que mais parece um emaranhado, é conveniente aquecer muito bem este músculo antes de qualquer exercício específico. Se quiser utilizar exercício como pré-exaustão é só realizar primeiro o levantamento lateral.

E. Bíceps

| 1-Rosca direta | 1-2 séries de aquecimento + 2 X 5-8 |
| 2-Rosca concentrada | 2 X 5-8 |

* Como para os outros músculos, existe uma grande variedade de exercícios que podem ser utilizados para o bíceps e alguns atletas no desejo de obter rápidos ganhos acabam por sobretreinar o músculo, realizando muitos exercícios (mais do que três) ou muitas séries de cada exercício. Esta prática, na maioria das vezes, acaba por estagnar o crescimento senão catabolizar o músculo. Alguns atletas utilizam um só exercício por sessão para o bíceps, tendo em vista que este não é um músculo que exige muitas angulações diferentes a serem trabalhadas.

F. Tríceps

1- Rosca testa	1-2 séries de aquecimento + 2 X 5-8
2- Extensão de tríceps	
no cabo	2 X 5-8
3- Extensão unilateral	
de tríceps	1 X 5-8

G. Abdominal

Existe uma infinidade de exercícios para o abdômen. Procure então realizar exercícios que atinjam a parte superior, inferior e oblíquos, mas não há necessidade de exagerar, pois estes músculos já são isometricamente solicitados, quando da realização de outros exercícios.

Sem dúvida existem outros planos de treinamento baseados em outras teorias, cada qual com as suas vantagens e benefícios. O plano anteriormente apresentado, porém, é muito similar aos programas de treinamento que desenvolvemos para os nossos clientes que querem ganhar massa muscular e também similar aos programas utilizados pela maioria dos culturistas de sucesso que conhecemos, incluindo-se aqui o Mister Olympia Dorian Yates.

Adaptações podem ser necessárias de acordo com as suas necessidades individuais, o tempo e o equipamento que você tem à disposição. Procuramos relacionar exercícios que não precisam de equipamentos muito sofisticados, pois não é estritamente necessário ter à disposição equipamentos de última geração para obter ganhos, eles apenas ajudam. Não se esqueça que muitos campeões do passado tiveram físicos exemplares e costumavam treinar nas garagens de suas casas com equipamento básico.

CAPÍTULO III

NUTRIÇÃO

1. Calorias

2. Dieta bem balanceada

3. Proteínas

4. Carboidratos

5. Gorduras

6. Gorduras essenciais

7. Tipos de dieta

8. Dietas e outros truques para obter o máximo
   de definição

9. Farmacológicos que auxiliam a perder
   gordura e diminuem a retenção hídrica

10. Complementos alimentares e outras substân-
    cias não farmacológicas

NUTRIÇÃO

Nenhum programa de treinamento poderá alcançar sucesso se não for acompanhado de nutrição adequada e compatível com a fase do treinamento em que o atleta se encontra, especialmente se estiver fazendo uso de esteróides anabólicos.

Se adicionados todos os aspectos envolvidos no treinamento, a nutrição, como peça fundamental, pode chegar até a 60% em importância, segundo muitos especialistas. Desta forma, todas as pessoas envolvidas em um programa de treinamento sério devem estar preparadas a dedicar muita atenção à alimentação. Isto envolve a abdicação de velhos hábitos alimentares, tais como comer excessivas quantias de frituras, chocolates, bolos e sorvete; envolve tempo e dinheiro, porque um culturista deve se alimentar muito freqüentemente com alimentos de qualidade e isto custa caro, muito mais caro do que a mensalidade da academia que muitos reclamam na hora de pagar. Portanto, se você quiser crescer, esteja preparado para gastar bastante com a conta do supermercado.

Ainda existem muitos atletas que, com o objetivo de aumentar muito de massa corporal, passam a comer excessivas quantias de calorias acabando, por desenvolver certa massa muscular, porém encoberta por muito tecido adiposo subcutâneo, o que, com roupa, talvez impressione, mas, com calção na praia, fica mais parecido com aquele boneco da Michellin que se vê em caminhão. Estas pessoas se esquecem de que um físico é muito mais expressivo se for definido, mesmo parecendo menor sob a roupa.

Ainda existem aqueles que iniciam seus treinamentos já com níveis de obesidade. Nos EUA cerca de 40% das pessoas adultas são obesas. A obesidade tem estreitas ligações com o desenvolvimento de doenças arteriais, coronárias, hipertensão, diabetes mellitus, doenças pulmonares e certos tipos de câncer. O nível de gordura corporal, bem como a massa magra podem ser determinados cientificamente através de avaliação física citados no capítulo 2-Treinamento.

A musculação, ao contrário do que muitos imaginam, é atividade bastante útil para queimar calorias, tendo a característica de continuar a gastar altas taxas de calorias mesmo após ter cessado o treinamento, pois a volta à calma é gradual e lenta devido à grande necessidade de reparação tecidual, enquanto atividades aeróbias, tais como corrida e natação, queimam calorias em maior quantia apenas durante a atividade, tendo uma redução de nível metabólico mais rápido.

Neste capítulo, iremos discriminar os diferentes grupos de alimentos, o cálculo das necessidades calóricas, as dietas genéricas para ganho de peso e definição, e apresentar alguns complementos alimentares mais usados e eficientes, utilizados no mundo do culturismo.

Tudo o que for sugerido neste capítulo em termos de dieta é direcionado a pessoas aparentemente saudáveis e, mesmo assim, um programa de dieta totalmente direcionado às necessidades individuais de uma pessoa só pode ser prescrito por um nutricionista ou médico nutrólogo.

1. CALORIAS

Uma caloria é uma unidade de medida definida, como a quantidade de calor necessária para elevar em 1 grau centígrado 1 kg de água. Todos os alimentos, com exceção da água, dos minerais e das vitaminas contêm calorias em diferentes quantidades. A quantidade de calorias é determinada com a utilização de um equipamento denominado calorímetro, onde a comida é queimada na presença de oxigênio e a quantidade de calor liberada é a medida precisa em kilocalorias, ou simplesmente calorias. A tabela abaixo relaciona a quantidade de calorias presentes nas diferentes categorias de alimentos.

Alimento	quantidade calórica
Carboidrato	4.1
Proteína	4.3
Gordura	9.3

Existe um equilíbrio energético quando a ingestão de calorias é igual ao gasto. Equilíbrio energético positivo ocorre quando a ingestão é maior que o gasto. Para cada 3500 calorias (kcal) em excesso, cerca de 1.0 quilo (kg) de gordura será armazenado em forma de gordura no corpo. Equilíbrio energético negativo é justamente o oposto, ou seja, uma deficiência calórica de 3500 kcal provocará a perda aproximada de 1.0 kg.

A necessidade diária calórica de uma pessoa normal varia de 1500 - 2500 kcal diários para homem e 1200- 1500 kcal para mulher. Porém, um culturista terá uma necessidade calórica muito maior, 3500-4000 calorias diárias. Este número poderá subir para 5000-7000 calorias diárias, se o atleta estiver fazendo o uso de esteróides anabólicos.

A necessidade calórica diária, varia de acordo com o sexo, idade, tamanho corporal e é regulada por hormônios.

Existe o **valor metabólico basal (VMB)** que é a menor quantidade de energia em quilocalorias que uma pessoa necessita para manter as funções metabólicas mínimas para a manutenção da vida e deve ser medida em condições ideais; a pessoa deve estar em repouso absoluto, em dieta e em condições ambientais ideais. Como este controle é difícil passou-se a utilizar o **valor metabólico de repouso (VMR)** que é definido como a quantidade de energia necessária para manter o funcionamento fisiológico do organismo em estado de relaxamento, acordado e em posição ortostática (em pé).

Existem fórmulas complicadas para calcular o VMR, mas através de um cálculo simples pode-se ter uma boa idéia das necessidades diárias básicas. Multiplica-se o peso corporal em quilogramas por 24.2 em se tratando de homem e por 22 em se tratando de mulher.

Homens: **24.2 X Peso Corporal**

Mulheres: **22.0 X Peso Corporal**

Exemplo:

Considerando-se uma pessoa do sexo masculino, cujo peso é de 78 kg, qual será o seu valor metabólico diário aproximado?

78 X 24.2 = 1887,6 kcal ou cerca de 1888 kcal para arredondar.

Muitos profissionais ainda têm como mito a influência da composição corporal assumindo que pessoas com grande massa muscular teriam uma necessidade calórica significantemente maior em comparação com uma pessoa do mesmo sexo e peso, porém com mais tecido adiposo, considerando que músculo queima mais calorias do que gordura. Na realidade, temos de lembrar que, na discriminação da composição corporal (Capítulo 2), a massa magra inclui órgãos como o coração, o fígado, o cérebro e os intestinos e não apenas os músculos; e uma pessoa musculosa, como um culturista, tem o peso elevado, por aumento da massa muscular, muito mais do que por aumento de peso e volume dos órgãos internos. Ocorre que, os órgãos são cerca de 20 vezes mais ativos do que os músculos no processo diário de queima de calorias, de forma que a composição corporal é insignificante em se tratando do cálculo do VMR.

A partir do VMR, então, adicionaremos a quantidade de calorias necessárias para que haja uma resposta positiva para o aumento de massa muscular ou definição.

2. DIETA BEM BALANCEADA

Uma dieta bem balanceada deve conter quantidades adequadas de proteína, gordura, carboidratos, vitaminas, minerais e água. Alguns culturistas se concentram no consumo de um grupo alimentar e se esquecem dos outros; como consequência não conseguem muitos ganhos ou ficam gordos. É o caso daqueles que consomem excessivas quantias de carboidratos com o intuito de ganhar peso, e ganham, mas em gordura. Carboidratos são importantes, mas tem-se de saber quanto. **Com uma dieta equilibrada é possível crescer com qualidade e não balofo**. O balofo depois tem de recorrer a dietas violentas de perda de peso, em caso de competição ou simplesmente por querer ir à praia sem passar vergonha. Perderá, então, gordura mas também boa parte da massa muscular conquistada com tanto sacrifício.

3. PROTEÍNA

A ingestão de proteínas é uma das maiores preocupações de um culturista, já que é este nutriente o responsável pela construção dos músculos, além de fazer parte da construção de diversos outros tecidos, tais como pele, unha, ligamentos, células nervosas, hormônios, etc. As proteínas são formadas por pequenos blocos nitrogenados denominados **aminoácidos.** Cada aminoácido é uma unidade fundamental nos processos anabólicos. Existem diferentes tipos de aminoácido, vinte e dois ao todo. Destes, catorze podem ser sintetizados pelo corpo humano através dos alimentos, mas oito, não podem. Estes oito aminoácidos são denominados de **aminoácidos essenciais.**

A presença de todos os aminoácidos essenciais em quantias adequadas em um alimento irá formar uma **proteína completa** e só ela garantirá a manutenção da saúde e crescimento. Proteínas completas são encontradas na carne, ovos, leite, peixe, enfim, proteínas de origem animal.

Quando falta um ou mais aminoácido essencial em um alimento ou este/estes não são em quantia suficiente, a proteína é denominada **proteína incompleta.** Nesta categoria, encontram-se as proteínas vegetais, as quais ingeridas separadamente não podem garantir a manutenção da saúde ou crescimento. No caso das proteínas vegetais, há a necessidade de fazer uma combinação de diferentes vegetais para obter toda a gama de aminoácidos essenciais, como é o caso da combinação de cereais e leguminosas (arroz e feijão) ou de cereais e oleoginosas (aveia e nozes). Não é necessário que esta combinação seja feita em uma só refeição, pois as proteínas vegetais ingeridas com até 24 horas de intervalo se combinam no organismo para formar a cadeia de aminoácidos essenciais. Mesmo assim muitos vegetarianos passaram a ingerir ovos, leite e carnes brancas para garantir a saúde; mas, se você não for vegetariano, não precisará se preocupar com isso.

A ingestão de proteínas deve ser equilibrada. Quando alguém ingere proteínas em quantias adequadas promove um **balanço nitrogenado positivo**, o que é importante para que os tecidos anteriormente mencionados sejam formados. Se a ingestão for menor que o gasto, promove-se um **balanço nitrogenado negativo,** não havendo então crescimento muscular mas deterioração da massa muscular existente, pois esta terá de fornecer nutrientes para o funcionamento orgânico.

Como então manter um equilíbrio nitrogenado positivo e garantir o crescimento ?

Para isso é necessário ingerir diariamente quantidades adequadas de proteínas. A recomendação diária pelo RDA (E.C. Recommended Daily Allowance) para uma pessoa normal é de 0.8 gramas de proteína por quilo de peso ao dia (0.8 g/kg dia). Uma pessoa, seguindo um programa de treinamento intenso, poderá ter suas necessidades protéicas aumentadas em 1.5-2.0 g/kg dia. Porém, em se tratando de um culturista que treine intensamente e faça uso de farmacológicos, esta necessidade subirá para 3.0- 4.0 g/kg dia. Um culturista nestas condições, com 100kg de peso corporal deverá consumir diariamente cerca de 300-400 gramas de proteína de alto valor biológico dividido em diversas refeições, o que equivale a 1200-1600 kcal só em proteína, já que 1 grama de proteína equivale a cerca de 4 calorias.

Mas individualmente como regular esta quantidade? Através de teste de laboratório (análise da urina), é possível determinar o estado nitrogenado, mas não há quem faça isso todos os dias, mesmo que tenha um laboratório em mãos. Nesse caso o melhor é garantir as necessidades mínimas (1.5-2.0 g/kg dia) para uma pessoa em treinamento e em torno de 3.0 g/kg dia para quem estiver fazendo uso de esteróides e outros farmacológicos. Deve-se adicionar mais proteínas diárias também para quem esteja em período de muito lenta recuperação ou perdendo força e peso ou com deficiência de energia.

Note o caráter interativo do treinamento. Talvez os sintomas acima mencionados sejam relacionados com outros fatores, tais como a deficiência de carboidratos ou o treinamento inadequado, mas ainda assim pode ser um indicador válido para deficiência de proteína.

Grande ingestão de proteína só se justifica caso a pessoa esteja enganada em um programa de treinamento sério, pois será aproveitado o necessário e o excesso será convertido em gordura e glicose, já que proteína não pode ser armazenada pelo corpo. Muita proteína também pode causar desidratação e ser uma sobrecarga para os rins pela excessiva produção de uréia. Para eliminar este problema é necessária a ingestão de mais fluídos (água). Isso não significa beber um ou dois copos de água a mais, e sim de 6 a 8 copos extra durante o dia, o que dará em torno de 1.5-2.0 litros de água extra.

4. CARBOIDRATOS

Existem basicamente dois tipos de carboidratos : **carboidratos não-fibrosos** e **carboidratos fibrosos**.

Os carboidratos não-fibrosos dividem-se em **carboidratos simples** e **carboidratos complexos**. Estes são facilmente absorvidos pelo intestino e utilizados como principal fonte de energia pelo organismo. Os carboidratos simples como o açúcar de mesa, geleias, frutose, etc., possuem uma pequena cadeia química, de forma que são absorvidos rapidamente pelo intestino. Os carboidratos complexos, tais como batata, arroz, pão, macarrão, etc., possuem uma grande cadeia química e requerem mais tempo para serem absorvidos pelo intestino. Ambos os carboidratos serão transformados em **glicose** no intestino para que assim possam ser absorvidos pela corrente sangüínea.

Já os **carboidratos fibrosos,** também conhecidos como **celulose**, são **dificilmente absorvidos pelo intestino**, de forma que não são utilizados como fonte de energia, mas como suplemento de vitaminas e minerais e ajudam a manter o trato intestinal saudável através de uma espécie de varredura promovida pelas fibras da celulose. Dietas altas em fibra (celulose) parecem evitar doenças como câncer de cólon e hemorróidas. Arroz integral, cereais, como aveia, trigo e cevada são exemplo de alimentos com alto teor de fibra.

Todo culturista deve consumir carboidratos não fibrosos durante o dia para garantir energia para o seu treinamento e recuperação e carboidratos fibrosos para garantir a saúde.

Os carboidratos transformados em glicose no intestino ligam-se à molécula de oxigênio transformando-se em **glicogênio**. Este é armazenado na corrente sangüínea, nos músculos e nos órgãos internos (principalmente no fígado). Tão logo as três primeiras áreas de depósito estejam completas, a quantidade excessiva de carboidratos passa a ser armazenada em forma de gordura subcutânea; portanto, é necessário saber **quanto** e **que tipo** de carboidrato devemos consumir; caso contrário toda a sua massa muscular ficará encoberta por um cobertor de gordura, de forma que ninguém nem você a irá ver. Isso ocorrerá com muita facilidade, porque armazenar gordura é o que melhor o corpo humano sabe fazer.

Basicamente um culturista, em dia de treino, deve consumir cerca de 6-8 gramas de carboidrato por quilo de peso ao dia dividido em diferentes refeições (existem dietas mais recentes que são baseadas em baixo consumo de carboidratos, as quais analisaremos mais adiante). Um culturista de 100 kg, obedecendo a esta dieta básica, consumira cerca de 600-800 gramas de carboidratos ao dia, o que dará cerca de 2400-3200 calorias ao dia, já que um grama de carboidrato vale cerca de 4 calorias.

Nesta altura do campeonato muitos de vocês devem estar pensando que o melhor é encher-se de açúcares simples, ingerindo doces, refrigerantes e picolés para garantir rapidamente as calorias necessárias e pronto. Nada disso! Ocorre que existe um hormônio em nosso corpo denominado **insulina**. A missão desta é retirar nutrientes do sangue e colocá-los à disposição de vários tecidos no corpo. A insulina exerce importante ação metabólica sobre o metabolismo de proteínas no músculo, promove ações nos tecidos adiposos e efeitos sobre os substratos energéticos circulantes (glicose). No efeito sobre a glicose é que iremos nos deter agora.

Os carboidratos, quando ingeridos, são transformados em glucose no pequeno intestino e, então, absorvidos pela corrente sangüínea, fazem uma ligação com uma molécula de oxigênio e se transformam em glicogênio (só para relembrar). Quando a glicose entra na corrente sangüínea, o pâncreas secreta a insulina e esta irá transportar a glicose do sangue para os diversos tecidos. A quantidade de insulina secretada é relativa à quantidade de glicose ingerida, ou seja, quanto mais glicose, mais insulina. É importante observar que a insulina tem a sua liberação suprimida durante a realização de exercícios físicos mesmo que durante o exercício se consuma glicose.

A liberação de insulina na corrente sangüínea é também relativa ao tipo de carboidrato que se consome. Esta resposta é plotada em um gráfico denominado de **índice glicêmico**. Carboidratos complexos, tais como batata, arroz e macarrão, têm **baixo índice glicêmico**, enquanto carboidratos simples, tais como açúcar de mesa e frutose, têm **alto índice glicêmico**. O índice glicêmico varia de 100 a 1. A glicose pura é atribuído o valor 100, enquanto à gordura é atribuído o valor 1, todos os outros alimentos ficam entre estes valores (ver tabela de índice glicêmico no apêndice).

Outra ação importante da insulina é sobre o mecanismo da síntese protéica. A insulina tem um **efeito anti-catabólico** e **anabólico,** porque aumenta o transporte de aminoácido, principalmente os aminoácidos de cadeia ramificada (BCAA) para dentro do músculo, prevenindo a quebra de proteínas intramusculares. A síntese de glicogênio intramuscular também depende da insulina para carrear a glicose para dentro do músculo a fim de promover recuperação tecidual, após exercício. Estes efeitos da insulina criam um perfeito ambiente metabólico para crescimento e reparação tecidual, enquanto o corpo se recupera de intenso treinamento.

Como vimos, a insulina pode trabalhar em nosso favor promovendo significantes efeitos anti-catabólicos e anabólicos. Ocorre que a insulina também pode ter efeitos devastadores sobre o seu treinamento e aparência. Quando há um rápido aumento dos níveis de glicose na corrente sangüínea pela ingestão de alimentos de alto índice glicêmico, como é o caso dos açúcares, o pâncreas libera grandes quantidades de insulina na corrente sangüínea para retirar o excesso. Em decorrência desta ação, três problemas cruciais podem ocorrer:

Primeiro, rápido aumento dos níveis de insulina durante o dia afeta os centros de controle do apetite no cérebro através de respostas hormonais. Em decorrência, a pessoa sentirá mais fome e muitas atacam a geladeira imediatamente e comem o que vier à frente. Isso pode se tornar um círculo vicioso e o primeiro passo para a obesidade.

Segundo, a ingestão de alimentos de alto índice glicêmico faz com que a insulina liberada por estes retire a maior parte da glicose do sangue, sobrando pouco para a produção de energia para o seu treinamento, causando um fenômeno conhecido como **hipoglicemia**, ou seja, queda de glicose na corrente sangüínea. O próximo passo de um organismo em estado hipoglicêmico é reagir imediatamente nos centros nervosos que provocam a fome e sinalizar para que este se alimente e repare o débito energético. Provoca também o sono para que se conserve o pouco de glicogênio restante. É muito comum ver atletas bocejando durante o treino; provavelmente, estão experimentando sintomas de hipoglicemia por não terem se alimentado convenientemente antes do treino.

Terceiro, a insulina pode estimular o armazenamento de gordura e a produção de lipoproteína lipase (LPL), enzima que trabalha no armazenamento de gordura. Quando aumentam os depósitos de gordura, insulina e LPL são liberadas mais facilmente e em maior quantidade. Desta forma, quanto mais gorda uma pessoa se torna, mais insulina e mais LPL são liberadas e mais apto se torna o corpo em armazenar gordura.

Por outro lado, a ausência de níveis adequados de glicose no sangue promove a liberação de um outro hormônio denominado glucagon. Insulina e glucagon são denominados de hormônios contra-regulatórios, que se opõem um ao outro. Eles se alternam em fases anabólicas/catabólicas para manter em níveis de glicose plasmática em nível normal. Desta forma hipoglicemia e hiperglicemia (baixa ou alta concentração de glicose no sangue) pode ser evitado. Quando a concentração de insulina cai, a de glucagon se eleva, ou seja, quando os níveis de glicose no sangue ficam muito baixo, o glucagon se eleva. Este é um **hormônio catabólico** que irá quebrar tecido para fornecer a energia que o corpo necessita para se manter. O glucagon irá promover a degradação do glicogênio restante e das gorduras e como a construção de músculos é secundária para o corpo, tornar-se-á muito difícil o aumento de massa.

Pessoas que ingerem muitos alimentos de alto IG (doces) podem desenvolver **resistência à insulina,** pois acabam por degradar os receptores de insulina. Em pessoas neste estado os níveis de glucagon permanecem elevados, o que pode ocasionar doenças como arteriosclerose e diabetes. Apesar de a resistência à insulina ser relacionada com o envelhecimento, pesquisas demonstram que a degradação dos receptores de insulina talvez ocorra em pessoas que venham se alimentando com alimentos de alto IG por muito tempo.

Você deve estar se perguntando: "Afinal como utilizar a insulina a meu favor?"

Pergunta totalmente justa. Responderemos através de algumas **regras de controle da liberação da insulina** bastante simples, regras que também responderão **quando** e **qual** o tipo de carboidratos que devemos consumir, lembrando que já tivemos uma idéia de **quanto** devemos consumir anteriormente.

A. Escolha corretamente os alimentos, consuma alimentos de baixo índice glicêmico durante o dia para a manutenção de energia constante na corrente sangüínea, evitando assim a oscilação dos níveis de insulina, o que pode causar rompantes de fome, armazenamento de gordura e hipoglicemia. O quadro hipoglicêmico pode ser agravado, se após o consumo de açúcares houver a realização de treinamento. Recomendamos o consumo de uma refeição a cada 2.5-3.0 horas, contendo alimentos de baixo índice glicêmico, tais como batata, arroz, macarrão, etc.

B. Já que o exercício tem efeito tampão sobre a insulina, você tem a possibilidade de, durante o treino, fazer uso de bebidas de alto índice glicêmico (Gatorade, Marathon, etc.) para a produção de energia. Estas bebidas, normalmente, além da glicose, vêm enriquecidas com minerais e algumas vitaminas, mas se o seu orçamento estiver em baixa, um copo de água e duas colheres de chá de dextrose (encontrada em qualquer farmácia) será o suficiente para ajudá-lo em dia de treinamento vigoroso.

C. Pesquisas demonstram que até 90 minutos após o término dos exercícios o corpo tem uma extraordinária capacidade de absorver nutrientes. Nessa fase, elevar os níveis de insulina é bastante conveniente para que se possa aproveitar todo o seu efeito anabólico e anti-catabólico. Logo após o treino é conveniente que se continue a consumir líquidos energéticos, como os anteriormente citados juntamente com o consumo de aminoácido e se realize, dentro do prazo de 90 minutos, uma refeição altamente protéica, de pouca ou nenhu-

MUSCULAÇÃO - ANABOLISMO TOTAL

ma gordura e rica em carboidratos. Esta fórmula é infalível para uma explosão de insulina e aproveitamento de todo o seu potencial para o direcionamento de aminoácido diretamente para dentro da célula muscular.

Note que nesta fase a gordura, tal como a proteína, também tem a sua utilização otimizada pela insulina e LPL. Portanto, mantenha-se distante das gorduras, principalmente nesta fase.

5. GORDURAS

Muitos culturistas e pessoas que desejam aprimorar a forma física tendem a evitar todo o tipo de gordura e óleos com receio de ficarem parecidos com o boneco da Michellin. (Se você ainda não o viu ainda o verá). Gorduras vêm sofrendo uma grande discriminação há muito tempo, porém existem **boas gorduras** e **más gorduras**. A diferença entre as duas espécies é substancial e de grande importância para a saúde e para o músculo; por isso, iremos nos deter algum tempo neste item e esclarecer a importância de certas gorduras para nós, culturistas.

As gorduras, também conhecidas como lipídio, são substâncias químicas constituídas por **glicerol** e **ácidos graxos** sendo encontradas nos alimentos de origem animal e vegetal. Os ácidos graxos são os constituintes principais das gorduras, sendo classificados de três formas diferentes: **de acordo com o comprimento de sua ligação carbônica, o grau de saturação e a localização da primeira ligação saturada.**

Analisando primeiro o comprimento, os **ácidos graxos** podem ser classificados como **curtos, médios** e **longos.**

Ácidos graxos de cadeia curta (menos do que seis carbonos de comprimento) são encontrados diariamente em alimentos, como manteiga e leite integral.

Ácidos graxos de cadeia média ou MCTs (de 6-12 carbonos de comprimento) têm a característica de serem utilizados como energia mais do que armazenados como gordura; por isso são adicionados a alguns complementos alimentares para culturistas. É derivado principalmente do óleo de côco.

Ácidos graxos de cadeia longa (14 ou mais carbonos de comprimento) são a vasta maioria das gorduras que ingerimos. Nesta categoria encontramos a segunda forma de classificar os ácidos graxos: **Grau de saturação** é o que classifica os ácidos graxos como **saturados, monossaturados e polisaturados**.

Ácidos graxos saturados é uma longa cadeia. Em cada ponto desta cadeia em que se pode atar um átomo de hidrogênio já existe um atado, ou seja, não há mais espaço para átomos de hidrogênio, motivo pelo qual é denominado saturado. As gorduras saturadas têm a característica negativa de elevar o nível de **colesterol plástico**. Muito embora recentes pesquisas têm demonstrado que nem todas as gorduras saturadas têm este efeito negativo, ainda se enfatiza a redução do consumo de gorduras saturadas para um máximo de 10% da quantidade diária de gordura. Gordura animal, óleo de coco e gorduras hidrogenadas e parcialmente hidrogenadas (como as margarinas) são exemplos de gordura saturada.

Ácido graxo monosaturado, temos quando existe mais um espaço onde se pode atar um par de hidrogênio. Estas gorduras são encontradas em óleo de oliva, óleo de amendoim e no abacate. Esta classe de gordura não afeta os níveis de colesterol plasmático, mas também não o reduz, se ingerida em grande quantidade.

Ácido graxo polissaturado há quando existe mais de um espaço vago onde se podem atar pares de hidrogênio. Esta categoria de gordura é encontrada em óleos vegetais, sendo conhecida pela capacidade benéfica de reduzir os níveis de colesterol plástico.

A última forma de classificar as gorduras é a que se faz de acordo com a **localização da primeira ligação insaturada**, o que é determinado pela contagem, de trás para frente, do último carbono (ômega) do ácido graxo. O termo **ômega** é utilizado porque esta é a última letra do alfabeto grego. Um ácido graxo ômega-6, por exemplo, significa que a primeira ligação instaurada se encontra no sexto carbono, contando-se de trás para frente. Nesta categoria encontram-se as **gorduras essenciais** ou **EFAs** (essencial fatty acids) do inglês. Tal é a importância desta gordura para a saúde e para a comunidade de culturistas que iremos dedicar um momento especial a ela.

6. GORDURAS ESSENCIAIS

As gorduras essenciais são gorduras de cadeia longa e polissaturadas. Tal como os outros nutrientes essenciais (vitaminas, minerais, aminoácidos essenciais, etc.), as gorduras essenciais ou **EFAs** devem ser supridas pela dieta, porque o corpo humano não as pode fabricar. São fontes de gorduras essenciais as oleoginosas, tais como castanhas e nozes, sementes, óleos de peixe e óleos vegetais não processados. Existem dois tipos de **EFAs**: **Ácido Linoleico (LA)**, que é um acido graxo ômega 6 e **Ácido Alpha-Linolenico (LNA)**, que é um ácido graxo ômega 3. Através destes dois ácidos graxos, o corpo humano pode fazer (através da ação de diferentes enzimas) diferentes outros tipos de ácidos graxos os quais são utilizados para inúmeras funções fisiológicas que mantêm ou melhoram a saúde e a performance. Dentre elas:

- Os EFAs (preferencialmente LNA e dois outros ácidos graxos ômega 3 denominados DHA e EPA, ácido decosaexaenóico e o ácido eicosapentaenóico (respectivamente) têm a capacidade de aumentar a oxidação de gorduras. **<u>Gordura queimando gordura!</u>**

- Aumento de VMB

- Baixa na taxa de colesterol plástico

- Aumento da sensibilidade à insulina

- Produção de energia

- Transporte de oxigênio

- Produção de hemoglobina

- **Produção de prostaglândis**

Vamos nos deter um pouco em **prostaglândis**. Esta é uma substância com ação similar à dos hormônios, muito embora não seja um hormônio "hormone-like substance" de vida curta e ação imediata. Existem a "boa" e a "má" prostaglândis. A prostaglândis é criada a partir de EFAs e está diretamente relacionada com o controle da pressão arterial, com as respostas inflamatórias e respostas imunológicas, com a sensibilidade à insulina e com muitas outras funções conhecidas e ainda não conhecidas. Por isso, é fácil calcular que um problema com a produção ou equilíbrio de prostaglândis pode causar uma série de problemas.

Instintivamente, já há muitos anos, a carne vermelha é conhecida no mundo do culturismo como sendo ótima para o aumento da massa muscular. Provavelmente, além de outras propriedades, a carne vermelha é rica em um derivado de gordura essencial (ácido linoleico conjugado) o qual bloqueia a ação da "má" prostaglândis (PGE-2) que tem um grande potencial catabólico.

É comum o uso do combinado efedrina/aspirina/cafeína (ver adiante neste capítulo) para efeitos termogênicos (queima de gordura). Neste caso a aspirina é utilizada, pois ela bloqueia a prostaglândis que, além de causar a resposta proprioceptiva à dor diminui a ação termogênica.

Muitos culturistas ainda fazem uso de outro derivado de gordura essencial (gama-ácido linoleico ou GLA) encontrado no **evening primrose oil** (azeite noturno de primavera) que é um precursor de "boa" prostaglândis (PGE-1), que tem propriedades anti-inflamatórias e repõe gorduras essenciais depletadas do fígado pelo uso de esteróides anabólicos especialmente pelos 17- alpha alquelados (capítulo 4).

Como regra geral para controlar o seu consumo de gordura, um terço das gorduras ingeridas diariamente deve provir de gorduras essenciais, os outros dois terços podem derivar de carnes vermelhas, frango, ovos, queijos, pequenas quantias de manteiga e eventualmente até de hambúrguer. Gorduras a serem evitadas são óleos vegetais processados, margarinas e qualquer tipo de alimentos fritos.

Não gostaria de me estender muito neste item mas creio que devemos esclarecer o problema dos **óleos processados** antes de irmos adiante.

Ocorre que o óleo não processado estraga facilmente pelo contato com o ar, a luz e a temperatura, de forma que as indústrias processam o óleo com o objetivo de estender-lhe a vida. Acontece que durante esse processo, produtos tóxicos são formados como transácidos graxos, ácidos graxos de ligamento cruzado, polímeros e fragmentos moleculares. Os transácidos graxos são relacionados com o desenvolvimento de doenças cardíacas, câncer, aumento da taxa de colesterol, diminuição da produção de testosterona em animais e uma série de outras doenças degenerativas.

Recentemente, a margarina foi condenada como sendo pior para a saúde do que a manteiga. Ocorre que a indústria tem de processar pesadamente o óleo vegetal para transformá-lo de líquido em sólido. Em geral todos os óleos de supermercado foram parcialmente ou muito hidrogenados. A única exceção é o azeite de oliva virgem extra. É por isso que os italianos lá do Bairro do Bexiga passam azeite de oliva virgem extra no pão ao invés de margarina, resolvendo dessa forma o problema.

7. TIPOS DE DIETA

Basicamente o culturista competitivo realiza um tipo de dieta para ganho de volume e outro tipo de dieta para definição seguido de alguns truques para melhorar sua forma, chegando a ótimo apronto na hora da competição, rachando de definição. A estas dietas e suas variáveis iremos nos dedicar agora.

O primeiro ponto que devemos considerar é que o metabolismo é diferente de indivíduo para indivíduo, ou seja, uma dieta que funciona para um poderá tornar o outro balofo, de forma que somente através do experimento podemos determinar aquela que é a melhor dieta. Isso depende muito dos hábitos alimentares do passado, do tipo físico (somatotipo), da carga genética, da idade, etc..

7.1. DIETAS ALTAS EM CARBOIDRATOS

Este é um tipo de dieta bastante preconizado na década de 80 com base na alta ingestão de carboidratos, médio-alto consumo de proteínas e baixo consumo de gorduras. A teoria por detrás desta dieta é simples. A importância da proteína é óbvia: os carboidratos se transformam em glicogênio e enchem o músculo, tornando-o maior e mais forte enquanto que a gordura deve ser evitada ou reduzida ao mínimo, ingerindo só aquela já contida nos alimentos .

Por tentativa e erro chegou-se a um denominador comum quanto à distribuição percentual diária dos grupos de alimentares: **60% de calorias de carboidratos, 30% de proteína, 10% de gordura**.

Completando esta teoria, consideremos a informação a seguir: de 6-8 gramas de carboidratos, de 3-4 gramas de proteína e de 0.4-0.6 gramas de gordura por quilo de peso ao dia repetidamente.

Nessas condições, podemos calcular aproximadamente as necessidades calóricas, considerando que carboidratos e proteínas têm aproximadamente 4 calorias por grama, e gordura, aproximadamente 9 calorias por grama:

Tomemos como exemplo um culturista de 100kg consumindo o limite superior dos grupos alimentares anteriormente citados:

800 gramas de carboidratos	= 3200 calorias
400 gramas de proteínas	= 1600 calorias
60 gramas de gorduras	= <u>540 calorias</u>
total em calorias	5330 calorias obviamente divididas em 5-6 refeições diárias.

Baseando-se nesta dieta, principalmente na década passada, culturistas consumiram grandes quantidades de arroz, macarrão, batatas, Gainers 3000 e três milhões. Muitos se tornaram mais musculosos e definidos, havendo aqueles que aumentavam ainda mais a ingestão de carboidratos e reduziam a quase zero a quantia de gordura e ainda assim obtinham resultado. O que sucede, no entanto, é que para a maioria de nós mortais esta fórmula tem apenas adicionado mais tecido adiposo e a conseqüência é uma correria antes da competição para definir para o apronto ou para não passar vergonha em temporada de praia e com isso, além da gordura, vai-se boa parte da massa muscular conquistada a duras penas.

Acontece que para a maioria de nós, menos favorecidos metabolicamente, o consumo constante e elevado de carboidratos torna o metabolismo lento para a utilização de gorduras, pois sempre existe glicogênio proveniente dos carboidratos à disposição na corrente sangüínea. Com o tempo, o organismo perde a capacidade de utilizar gordura como fonte de energia.

De qualquer forma, esta ainda é a dieta mais comum entre culturistas e tem a vantagem de ser simples, além de ser fácil de iniciar e a mais barata e saborosa, porque carboidratos são mais atrativos ao paladar, porém esta pode não ser a melhor dieta para você, a não ser que você seja um destes privilegiados metabolicamente. Analise as outras propostas.

7.2. DIETA ISOMÉTRICA DE DAN DUCHAINE

Dan Duchaine, uma espécie de guru da musculação nos Estados Unidos, introduziu esta dieta depois de verificar que muitos atletas da musculação, ele inclusive, estavam se tornando gordos com a dieta tradicional, alta em calorias.

Como o nome revela, esta é uma dieta baseada na ingestão de partes iguais de carboidratos, proteínas e gorduras. Não precisa ter iguais partes em todas as refeições, mas no somatório de todas. Neste caso, para uma dieta com o total de 2400 calorias:

200 gramas de carboidratos	= 800 calorias
200 gramas de proteínas	= 800 calorias
90 gramas de gordura	= <u>800 calorias</u>
total em calorias	2400 calorias divididas em 5-6 refeições

Esta quantidade total de calorias deve ser ajustada para mais ou para menos, dependendo da fase do treinamento e das necessidades calóricas de cada um. Esta dieta fará com que um indivíduo de 100kg que realiza um treino adequado, perca peso. Talvez seja adequada também para um indivíduo de 70 kg.

Basicamente, se compararmos com a dieta anterior, o percentual de carboidratos cai quase que pela metade (33%), a proteína continua a mesma e a gordura aumenta.

Neste caso, toma-se como base a quantia de gordura que um culturista normalmente consome, gordura essa já contida em carnes (mesmo que magras), ovos (mesmo que só a clara), cereais e em outros alimentos como decorrência natural, o que atinge a casa dos 10%-15%. Adiciona-se a isso a ingestão de EFAs (gorduras essenciais) que, de acordo com estudos científicos, deve ficar na faixa dos 12-15%.

Os EFAs são incluídos com o objetivo de ocasionar maior crescimento muscular, aumentando a sensibilidade à insulina, e outros bons efeitos provocados por este tipo de alimento mencionado anteriormente. Dan Duchaine também esclarece que, nesta dieta, proteínas de alta qualidade devem ser ingeridas em forma de sucos com outros alimentos, como é o caso de whey protein (mencionadas em complementos alimentares). Mas se você não tem acesso a este tipo de alimento, a sugestão é elevar o consumo de proteínas para 40%, considerando-se que você irá obtê-la de alimentos tradicionais como carnes, atum, ovos, frango e até de outras fontes protéicas como caseinato e albumina de ovo.

Desta forma de acordo com Duchaine, você irá aumentar a sua massa muscular e controlar a produção de insulina e ativar o metabolismo de gorduras.

Não se esqueça de que os carboidratos devem provir de fontes complexas, com índice glicêmico inferior a 70 (ver tabela no apêndice), segundo o autor.

7.3. DIETA ANABÓLICA DE MAURO di PASQUALE

Esta dieta nos é bastante simpática se destinada para aqueles que têm tendências a acumular gorduras. Ela é um pouco mais complicada, mas já presenciamos ótimos resultados em alguns de nossos clientes e conosco mesmo.

De acordo com di Pasquale a dieta alta em carboidratos também não é o melhor plano de nutrição, apesar de ainda ser o mais popular. A dieta alta em gorduras, de acordo com sua opinião, maximiza o ganho de massa muscular pela estimulação da produção hormonal e proteção da proteína muscular, enquanto limita a acumulação de gordura subcutânea. Por isso, esta dieta é baseada em alta ingestão de gorduras e de proteínas e baixa ingestão de carboidratos por 5 dias e alta ingestão de carboidratos e média ingestão de gorduras e proteínas por dois dias. Especificando melhor: **33% de calorias de proteínas, 66% de calorias de gorduras, e apenas 1% de carboidratos durante a semana e 19% de calorias de proteínas, 20% de gorduras e 61% de carboidratos nos fins de semana.**

A dieta exemplo é baseada em 3000 calorias que devem ser ajustadas de acordo com as necessidades individuais ou com a fase do treinamento.

Dia de semana

7.5 gramas de carboidratos	= 30 calorias
247.5 gramas de proteínas	= 990 calorias
220 gramas de gorduras	= 1980 calorias
total em calorias	3000 calorias divididas em 5-6 refeições

Fim de semana

457.5 gramas de carboidratos	= 1830 calorias
142.5 gramas de proteínas	= 570 calorias
67 gramas de gordura	= 600 calorias
total em calorias	3000 calorias divididas em 5-6 refeições

A teoria por detrás desta dieta é similar à da dieta de Dunchaine. Na dieta anabólica, o seu organismo utiliza um meio metabólico, onde a gordura corporal é utilizada como energia. Na dieta alta em carboidratos, você utiliza a glicose proveniente destes, sendo que a insulina liberada pelo pâncreas torna toda a glicose não utilizada pelo músculo ou armazenada pelo fígado em gordura de reserva e o tornar balofo. Este é um risco que se corre, caso haja um desequilíbrio na dieta.

A insulina liberada pela alta ingestão de carboidratos ativa a produção de gordura e diminui a sua queima. O oposto acorre com a dieta metabólica, que é alta em gordura. Com quantidades limitadas de glicogênio no corpo, você é obrigado a utilizar a gordura como fonte de energia enquanto economiza preciosa proteína muscular. Isso é o que ocorre durante os dias de semana, sendo que nos fins de semana (durante dois dias), a quantidade de carboidratos aumenta generosamente para que possa saturar a célula já depletada e tomada por carboidratos. Truque similar é utilizado, de qualquer forma, por culturistas, uma semana antes das competições, para garantir o máximo de definição e de volume muscular. Maratonistas usam truque semelhante para ter uma supercompensação de energia antes das maratonas (Veja em dietas de definição). A proposta de di Pasquale é que isto seja usado em bases regulares, porém a dieta se torna menos extrema à medida que uma composição corporal mais adequada seja alcançada.

Com relação à preocupação quanto à ingestão de altas quantidades de gorduras saturadas sugeridas nesta dieta, di Pasquale esclarece que a substituição de carboidratos por "stearic acid" (o principal ácido graxo encontrado em carnes, queijo, manteiga, e demais alimentos sugeridos nesta dieta) tem pouco efeito quanto ao aumento de lipídios e lipoproteínas no plasma. Ainda é recomendado o uso liberal de óleo de oliva, gorduras de peixe e óleos de peixe, como parte das gorduras diárias totais, os quais podem neutralizar qualquer efeito negativo que outras gorduras podem causar para o sistema cardiorrespiratório. Ainda lembra di Pasquale que qualquer potencial efeito adverso que possa ocorrer pela ingestão de gorduras saturadas é usualmente diminuído pelo fato de que as gorduras dietéticas, bem como a gordura corporal, são utilizadas como primeira fonte de energia, de forma que não sobram gorduras para provocar efeitos malévolos.

Porém, como é melhor prevenir do que remediar, afinal com saúde não se brinca, é recomendado que antes de iniciar a dieta anabólica verifique-se o nível de colesterol plasmático e isso se faça periodicamente.

8. DIETAS E OUTROS TRUQUES PARA OBTER O MÁXIMO DE DEFINIÇÃO

Manter 3% de gordura enquanto se treina para aumentar a massa muscular é tarefa impossível para nós mortais, de forma que sempre existe uma fase do treinamento em que o atleta necessita definir, pois sabe-se que rotundo só tem chances de ganhar campeonatos de Sumo. Mesmo se você não é um atleta competitivo é sempre bom na véspera do verão, preparar-se para poder marcar mais um golzinho.

Partimos do princípio de que nem todos iniciam uma dieta específica para definição em situação idêntica e que é razoável competir com 3%-5% de gordura. Desta forma um atleta com 6% gordura não terá de realizar grandes sacrifícios, ao passo que aquele com 20% de gordura terá de prestar atenção especial a sua dieta de definição, começando-a com mais antecedência.

Para evitar maiores erros é conveniente lançar mão da calculadora e verificar com mais precisão qual é a quantidade de calorias que devem ser ingeridas diariamente com o objetivo de perder tecido adiposo.

Como primeiro cuidado é conveniente saber que qualquer dieta em que o indivíduo perca mais do que 1.0kg - 1.5kg de peso por semana (variação dependendo da estrutura corporal) colocará em risco a manutenção da massa muscular a qual provavelmente também será utilizada para o fornecimento de energia e perder massa muscular, arduamente conquistada, é o que um culturista menos deseja. Para completar, rápida perda ponderal pode acarretar problemas de saúde, aumentar o seu apetite e causar estresse emocional.

Vamos pegar o papel e a caneta e calcular a ingestão calórica pré-competição do exemplo a seguir:

- Qual deve ser a ingestão calórica de um culturista pesando 100 Kg e com 15 % de gordura corporal, tendo como objetivo competir com 3 % de gordura ?

Sigamos os passos de A a G :

A) Dados que possuímos:
   Peso corporal = Peso = 100 kg
   % de gordura corporal = 15 %
   % de gordura com o qual o atleta deseja competir = 3 %

B) Dados que precisaremos calcular :
   VMR (valor metabólico de repouso)?
   Peso corporal em gordura atual e o desejado?
   Peso da massa magra (MM)?
   Peso a ser perdido em gordura?
   Quanto tempo deve durar a dieta?
   Quantidade calórica diária a ser ingerida?

C) Através do simples cálculo mencionado no item 1, obtemos o valor metabólico de repouso VMR.

VMR = Peso X 24.2

100 X 24.2 = 2420 kcal

VMR = 2420 Kcal diárias aproximadamente

D) Discriminação da composição corporal do indivíduo (a quantidade de gordura corporal é medida através de avaliação física, capitulo II).

Peso em Gordura = Peso X Percentual de Gordura / 100

Massa Magra (MM) = Peso Total - Peso em Gordura

Substituindo os dados:

Peso em Gordura = 100 X $\underline{15}$ = 15 Kg
$$100$$

MM = 100 - 15 = 85kg

Ou seja, discriminando o peso corporal do nosso exemplo concluímos que do peso total (100kg), 85kg é em massa magra e 15kg é em gordura.

E) Cálculo do novo peso corporal com os desejados 3% de gordura:

% de M M = 100% - 3% = 97% do peso total

Então, 97% passam a ser o novo percentual de massa magra

para a condição desejada. Assim, se o atleta mantiver a sua massa muscular estável, o novo percentual representará um total de 85 kg a serem mantidos, os quais somados a mais 3 % de peso em gordura dará o peso total. Ou seja, se 97 % são 85 kg, quantos quilos são 3 por cento? (regra de três simples).

$$85kg - 97\%$$
$$Xkg - 3\%$$

$$X = \frac{85 \times 3}{97} = 2.63kg \text{ de gordura}$$

Obtemos, assim, a nova composição corporal que deve ser atingida, ou seja, 85 kg de massa magra e 2.63 kg de gordura que somados dão o novo peso total.

$$85kg + 2.63kg = 87.63 \text{ kg}$$

F) Cálculo do peso a ser perdido. Subtraindo o valor desejado do peso total inicial encontramos o peso em gordura a ser perdido.

$$100kg - 87.63kg = 12.37kg \text{ ou } 12.5 \text{ kg para arredondar}$$

Considerando a premissa anterior de que não se deve perder mais que 1.0 a 1.5 Kg de peso corporal por semana e assumindo que um indivíduo, nestas dimensões corporais, possa perder até 1.5 kg (que é o limite superior) sabemos com que antecedência se deve começar a dieta.

$$\frac{\textbf{peso em gordura a ser perdido}}{\textbf{1.5 kg (limite superior)}} = \textbf{número de semanas em dieta}$$

$$\frac{12.5 \text{ kg}}{1.5 \text{ kg}} = 8.3 \text{ semanas ou na melhor das hipóteses 8 semanas}$$

G) A partir do valor metabólico de repouso apontado no exemplo (2430 Kcal), adicionamos mais o gasto extra diário em calorias considerando que mesmo nesta fase o atleta continue treinando regularmente e realizando algumas tarefas aeróbias extras. Nestas condições, podemos adicionar mais 500-800 kcal diárias, caso o atleta, durante o dia, não realize maiores esforços físicos em lazer, trabalho, etc; podemos ainda considerar um gasto calórico total diário de:

Este gasto calórico diário pode ser ainda muito maior, principalmente para aqueles atletas engajados em competições de nível profissional. Normalmente, estes atletas continuam a treinar a todo o vapor até o último dia antes da competição e ainda acrescentam atividades aeróbias duas vezes por dia com a duração de 20 a 40 minutos cada. Só nestas atividades têm-se um gasto extra de 700 a 1200 calorias. Se você estiver engajado em algo parecido cuidado com o cálculo calórico, pois poderá desperdiçar massa muscular, se não realizar a sua dieta apropriadamente.

Voltando ao nosso cálculo:

$$2430 \text{ kcal} + 800 \text{ kcal} = 3230 \text{ kcal}$$

Então, considerando a informação do item calorias de que cada 3500 kcal em excesso representam o armazenamento de 1 kg de gordura corporal podemos concluir que, para se perder a mesma quantidade de gordura, é preciso que haja um déficit energético de 3500 cal (calorias). Voltando ao exemplo anterior e considerando que o nosso atleta pode perder até 1.5 kg por semana realizamos novamente a regra de três:

Se para perder 1.0 kg necessito de um déficit calórico de 3500cal, qual o déficit necessário para perder 1.5 kg ?

$$3500 \text{ cal} - 1.0 \text{ kg}$$
$$X \text{ cal} - 1.5 \text{ kg}$$

$$X \text{ cal} = \frac{3500 \times 1.5}{1.0} = 5250 \text{ cal}$$

O nosso atleta exemplo deve ter um déficit calórico de 5250 cal por semana, e já que ele, para manutenção, pode ingerir até 3230 cal por dia, dividimos 5250 cal pelo número de dias da semana e subtraímos do total diário de manutenção.

$$\frac{5250 \text{ cal}}{7} = 750 \text{ cal (déficit calórico diário)}$$

3220 cal - 750 cal = 2480 cal (quantidade diária de calorias a serem ingeridas para perda de peso)

Ou seja, o atleta exemplo deve consumir diariamente 2480 cal para que progressivamente perca peso sem que coloque em risco a massa muscular. Porém, ainda não é tão simples. Devemos considerar um fenômeno biológico denominado **"metabolic slowdown"** algo como redução metabólica.

Ocorre que, quando reduzimos a ingestão de calorias, o corpo humano, como uma forma de proteção à vida, reduz o seu VMR. Este fenômeno fisiológico é relacionado na história humana quando as pessoas tinham de sobreviver por longos períodos de fome, como em invernos prolongados, quando o suprimento de alimentos era limitado. Porém, observa-se que quando existe uma flutuação no consumo de calorias, o consumo de gorduras continua em níveis consideráveis. Assim, como uma forma de driblar este mecanismo fisiológico, é conveniente que se aumente o consumo de calorias eventualmente (uma ou duas vezes por semana). Não é por acaso que este truque é usado pela dieta do Doutor Mauro di Pasquale anteriormente citada. Para o exemplo anterior, a dieta poderia ficar da seguinte forma:

Segunda - 2400 cal

Terça - 2360 cal

Quarta - 2350 cal

Quinta - 2350 cal

Sexta - 2300 cal

Sábado - 2600 cal

Domingo - <u>3000 cal</u>

total 17360 cal

Lembrando que estes 17360 calorias é o total semanal permitido para o nosso atleta exemplo.

Parece complicado para aqueles menos ligados à matemática, mas, o que é necessário são apenas as operações básicas da matemática e um pouco de paciência. Para determinar a sua necessidade calórica para este tipo de dieta, colete os seus dados (peso, massa magra e peso em gordura), estipule o percentual de gordura desejado , substitua os dados e mãos à obra.

Apesar da dieta para se perder gordura corporal, o culturista prudente mantém-se em dieta o ano todo a fim de não necessitar de se sacrificar antes dos campeonatos nem de ficar parecendo um balão em "off season", o que pode, psicologicamente, afetar alguns. De forma que, como tudo na vida, esta é uma escolha. Você pode decidir o que é mais importante; manter a sua composição corporal razoável o ano todo, diria de 8%-12% de gordura corporal, e se sentir bem de frente ao espelho ou passar deste limite, tendo o prazer de ingerir mais calorias e ter de se sacrificar mais às vésperas de campeonatos. De qualquer forma mantenha em mente que o objetivo principal é o dia da competição, ou **Dia-D**.

Além da dieta, outros truques pré-competição são comuns no círculo dos culturistas. Estude-os com atenção a seguir.

Equilíbrio eletrolítico

O músculo é composto de aproximadamente 80% de água, sendo que a maior parte é acoplada com o glicogênio uma vez que o corpo humano estoca cerca de 2.7 gramas de água para cada grama de glicogênio. Este fato é especialmente importante porque descarta o mito de que a absoluta desidratação tornará o seu físico maravilhoso. O que se deseja aqui é eliminar água subcutânea e drená-la para dentro da célula muscular para fazer com que esta se pareça mais cheia. Esta é uma das razões porque esteróides são tão utilizados entre culturistas, pois eles forçam o músculo a reter água, nitrogênio e compostos protéicos dentro da célula.

Existem alguns meios seguros e efetivos de drenar água subcutânea extra celular para dentro do músculo:

A) Alterando o equilíbrio de sódio e potássio. Explicamos rapidamente: o sódio (obtido pelo consumo de sal de cozinha) drena e armazena água fora da célula enquanto o potássio atrai a água para dentro da célula. Estes dois minerais trabalham em equilíbrio no corpo humano para que este sistema funcione em harmonia.

Porém, excessivas quantias de sódio, como de açúcar refinado, provocam grande retenção de água subcutânea e isto é uma das coisas que um culturista menos deseja às vésperas de campeonato, pois a massa muscular ficaria encoberta por um cobertor de água. Veja que o problema não é só o acúmulo de gordura subcutânea.

Como vimos anteriormente, sódio e potássio trabalham em equilíbrio de forma que não adianta consumir quantia extra de potássio, pois este faria com que mais sódio fosse retido pelo corpo para que o equilíbrio fosse mantido. Para driblar o sistema homeostático (que mantém o equilíbrio) existem dois truques bastante seguros que o mantém longe do uso de qualquer droga e é baseado no fato de que o corpo humano leva três dias para restaurar o equilíbrio após mudanças mais drásticas. Primeiro, **elimine todo o sal, três dias antes da competição e aumente o consumo de potássio,** porém não drasticamente porque o excesso será eliminado. Como regra geral, seis miligramas de potássio para cada quilo de peso corporal distribuídos em seis doses diárias. Um atleta de 100kg necessitará de 600 miligramas por dia, seis vezes ao dia, tomados após as refeições e nunca de estômago vazio.

Segundo, freqüente a **sauna**, certificando-se de que a temperatura esteja entre 120-160 graus, duas vezes ao dia por 10 minutos cada, durante os três dias que antecedem o campeonato. O objetivo é transpirar o sal e outras toxinas e estimular vasodilatação, porém sem causar desidratação. **Água destilada** deve ser consumida durante estes dias ao invés de água mineral ou de torneira, pois estas contêm minerais que restaurariam o equilíbrio homeostático normal.

Observe que um dos dois métodos citados deve ser escolhido, e somente um, sauna e dieta de sódio e potássio juntos podem causar severa desidratação.

B) Dieta da supercompensação de carboidratos. Em condições normais o corpo humano acumula cerca de um grama de glicogênio para cada 35 gramas de músculo. Entretanto, pelo fantástico sistema de sobrevivência mencionado no item anterior, o corpo tende a supercompensar a célula de glicogênio quando ocorre ameaça de falta deste nutriente. Quando privado de carboidratos, o corpo entra em estado de **cetose**, o qual é determinado pela produção de um tipo "maligno" de álcool denominado cetona que é produzida quando, ao invés do glicogênio, a gordura é utilizada como fonte de energia.

Para simplificar, cetose não é totalmente um mal. Ela é um indicativo de que gordura está sendo utilizada como fonte de energia, mas manter o corpo em estado cetônico por longo período de tempo pode ser nocivo para a saúde, porque pode provocar a utilização da massa muscular como energia, bem como provocar distúrbios cerebrais, já que carboidratos são o principal combustível para o bom funcionamento cerebral. Para evitar este problema, o melhor é manter o corpo entrando e saindo do estado cetônico periodicamente, através da flutuação do consumo de carboidratos (procedimento esse indicado como vimos na dieta preconizada pelo doutor Mauro di Pasquale). Desta forma, asseguramos o máximo consumo de gordura e, ao mesmo tempo, garantimos a saúde e o mínimo de desperdício da massa muscular.

Retornando ao truque em si. Quando em estado cetônico, o corpo armazena duas vezes mais glicogênio, o qual absorve toda água extracelular armazenada subcutaneamente para dentro da célula, tendo como resultado maior massa muscular e definição. Isso ocorre quando, após manter o corpo em cetose por alguns dias, você oferece quantias generosas de carboidratos.

Para os que optarem pela dieta anabólica, o problema estará sanado. É só fazer ajustes para que o último dia, quando mais carboidratos são consumidos, coincida com o dia da competição (Dia-D). Para os que se definem por outras dietas, o processo deve ser iniciado exatamente uma semana antes da competição. Elimine-se todo o carboidrato da dieta, por três dias, enquanto se mantém o treinamento normal a todo vapor. No quarto dia, consuma-se cerca de 100-150 calorias provenientes de carboidratos. A três dias do campeonato, ingira-se diariamente de 2500-4000 calorias em carboidratos divididos em 5-6 refeições diárias.

Não se esqueça de consumir quantidades adequadas de proteínas e outros alimentos, bem como de evitar fontes de calorias de alto índice glicêmico, basicamente acima de 65 (ver tabela no apêndice).

C) Beber água. Parece contraditório, mas fisiologicamente quanto mais água você bebe mais elimina. Grandes quantidades de água estimulam os rins a excretar água e sódio. De fato a água é o melhor diurético de todos.

D) Diuréticos à base de ervas. Algumas ervas têm a característica de estimular levemente os rins a secretar o excesso de água. Chá-mate, chá de multiervas são exemplos.

E) Cafeína. A cafeína contida no café tem um efeito levemente diurético.

F) Vitaminas hidro-solúveis. Vitaminas tais como a vitamina C e B6 têm um efeito levemente diurético, desde que tomadas em quantias substanciais. A dose recomendada é de pelo menos 1000mg de vitamina C e 150mg de vitamina B6.

Através da manipulação do equilíbrio entre sódio e potássio, da supercompensação de carboidratos e das outras medidas mencionadas anteriormente, podemos fazer com que a água seja, naturalmente, absorvida pelo músculo ou excretada, ocorrendo o aumento da massa muscular e maior definição. Mas existem outros meios de obter queima de gordura e definição e ficar pronto para o campeonato: por exemplo, o uso de farmacológicos que agora descreveremos.

9. FARMACOLÓGICOS QUE AUXILIAM A PERDER GORDURA E DIMINUEM A RETENÇÃO HÍDRICA

Toda e qualquer substância farmacológica aqui mencionada só deve ser usada através de "prescrição medica" sob o risco de causar sérios danos à saúde ou até a morte . Aqui estarão descritos como alguns farmacológicos são usados no mundo do culturismo, mas que isto "não sirva" para autoprescrição.

9.1. LAXATIVOS

Laxativos são agentes que provocam defecação. Existem diferentes tipos:

Irritantes: basicamente estimulam a mucosa intestinal e talvez afetem o pequeno intestino como o cólon. Exemplo desta categoria de laxativos são figos, ameixa preta e óleo castor. O seu consumo não deve provocar vômito nem desconforto intestinal. Alguns remédios são baseados nestes componentes vegetais.

Salinos: estes exercem pressão osmótica no lúmen e no intestino, ou seja, distendem o intestino facilitando a passagem do excremento. São baseados em compostos minerais, tais como magnésio potássio e sódio.

Emolientes: lubrificam o cólon e as fezes, atraindo-lhes água. Podem vir em forma de cápsulas, solução, xarope ou pastilha. São baseados em óleos vegetais como óleo de oliva e milho.

Normalmente seleciona-se um tipo de laxativo antes da competição para limpar o sistema digestivo com a esperança de obter um visual mais sólido e denso. O cuidado é seguir as instruções de uso cautelosamente e administrar laxativos, dois dias antes da competição. Na noite anterior não é aconselhável, pois na hora que você flexionar o seu bíceps "on stage" uma surpresa desagradável pode ocorrer. Você terá de sair correndo para o banheiro.

9.2. EFEDRINA-CAFEÍNA-ASPIRINA

Esta combinação vem sendo utilizada com bons resultados por culturistas por aumentar o efeito termogênico do corpo, sendo que a combinação é utilizada na seguinte proporção 1:10:15. A efedrina é basicamente um medicamento para pessoas asmáticas, derivada de uma erva denominada ephedra e um de seus efeitos é o aumento da temperatura corporal, o que ajuda a queimar gorduras. A cafeína na proporção adequada funciona como um agente sinergista, ou seja, aumenta o efeito termogênico da efedrina, enquanto a aspirina retarda ou interfere na produção de prostaglândis que, dentre os efeitos mencionados anteriormente, reduz o efeito termogênico da combinação efedrina/cafeína. Dentre as contra-indicações para o uso de efedrina encontram-se a hipertensão e doenças cardíacas. Vale mencionar que a efedrina foi banida de alguns Estados Norte-americanos por ter sido correlacionada com alguns óbitos, provavelmente por superdosagem. Em outros Estados, a venda só é permitida para pessoas acima de 18 anos de idade.

9.3. CLEMBUTEROL

Este é outro medicamento também destinado a pacientes asmáticos. Clembuterol é um beta-2 agonista, sendo que a sua função é abrir vias aéreas obstruídas e com isso facilitar a respiração. Ocorre que sempre que uma droga se afina com uma **célula receptora,** esta se torna resistente à droga quando é muito utilizada. Por exemplo, o efeito termogênico da efedrina parece ser mais longo (apesar de não ser tão potente) por duas razões: 1) efedrina não tem alta afinidade com o receptor e 2) efedrina não é um beta-2 específico.

No mundo do culturismo, esta droga vem sendo utilizada por ter efeito **anti-catabólico** além de efeito **lipotrópico.** O clembuterol não elimina gordura através do mecanismo comum de aceleração do metabolismo, como a efedrina e drogas para a tiróide. De fato, o clembuterol ativa as células gordurosas marrom no corpo. Estas células estão usualmente dormentes, mas quando ativadas queimam as células gordurosas brancas, o que torna a pele mais fina e os músculos mais visíveis. Como anabólico ou anti-catabólico, o clembuterol não é tão potente como os esteróides anabólicos, porém pode aumentar significativamente a massa magra em alguns atletas; enquanto em outros, não provoca qualquer mudança na massa magra a não ser um pequeno aumento. (Como esta droga influencia o aumento muscular em alguns é um fato ainda misterioso). Parece que tal como acontece com relação aos esteróides, algumas pessoas têm mais receptores sensíveis a esta droga do que outras, mas esta é uma questão genética.

Uma das desvantagens do uso de clembuterol é o maciço fechamento dos receptores mencionados anteriormente, ou seja, o clembuterol passa a não mais promover os efeitos desejados. Isto ocorre quando o medicamento é utilizado constantemente. Para evitar o fechamento dos receptores utiliza-se o clembuterol 2 dias sim, 2 dias não.

Os efeitos colaterais diferem de pessoa para pessoa, sendo que os mais comuns são dores de cabeça, tremores, taquicardia e agitação. Usualmente os efeitos colaterais desaparecem após duas ou três semanas de uso.

9.4. FAT BURNERS

Este não é exatamente um farmacológico, mas passou a ser recomendada a supervisão médica antes da sua administração, principalmente após ter-se tornado bastante comum a venda destes fat burners no mercado nacional. Baseiam-se, normalmente, em agentes lipotrópicos (colina, inositol, betaína, e aminoácido metionina). Estas são substâncias que trabalham no metabolismo das gorduras. De fato, parece que estes fat burners têm mais comercialização entre atletas e outras pessoas não relacionadas com o culturismo. Apesar de algumas pessoas afirmarem a eficiência destes fat burners, nós particularmente não conhecemos nenhum culturista que faça uso deste meio.

9.5. DIURÉTICOS

Estes são os mais perigosos de todos, podendo ocasionar a morte pelo mau uso. Como o nosso compromisso é com a verdade, aqui estará explicitado como os diuréticos são utilizados no mundo do culturismo. Não obstante estar em uso, mantenha-se distante dessa substância pelo alto risco que envolve. Não vale a pena usá-la.

Os diuréticos trabalham através da estimulação dos rins. Os rins têm como função filtrar o sangue, eliminando assim os restos provenientes do processo metabólico. Os rins, também, permitem ao corpo reabsorver substâncias bioquímicas vitais como minerais, aminoácidos e água. A unidade de secreção nos rins é denominada de nefron. Cada rim tem um milhão de nefrons. Os néfrons consistem de uma cápsula renal e um tubo renal. No tubo renal, água, eletrólitos tais como sódio e potássio, glicose e aminoácidos são absorvidos pelo sangue. Este também é o local de ação dos diuréticos nos rins.

A maior parte dos diuréticos funcionam através do bloqueio da absorção de eletrólitos. Já que os eletrólitos, em certa concentração se atam à molécula de água, quando estes são eliminados do corpo, a água atada a estes também é eliminada.

Um grande número de efeitos colaterais pode ocorrer com o uso de diuréticos; como tontura, dor de cabeça, palpitação e severa cãibra muscular. Devemos entender que o músculo tem um certo balanço eletrolítico, sendo que as células musculares dependem do balanço de sódio e potássio. Quando uma pessoa toma diuréticos, este balanço pode ser severamente prejudicado, o que pode ocasionar cãibras musculares. Para resolver o problema, certos atletas tomam quantias extra de potássio, mas por vezes esta "solução" pode agravar o problema, especialmente se o diurético já contém potássio. Desde que o coração também é músculo, cãibras severas podem afetá-lo e então você terá que ir treinar musculação com Mohammed Benaziza no céu. Para quem não o conhece, Mohammed foi culturista profissional, tendo falecido no grande prêmio da Holanda, poucas horas após tê-lo vencido. Causa mortis: Parada cardíaca causada por extrema desidratação seguida de restrição de líquidos e uso de diurético. Precisa mais?

Vale citar que, a partir do Mister Olympia 1996, IFBB passou a realizar teste específico para detectar a presença de diuréticos no organismo dos atletas tendo sido desqualificado, na ocasião, o atleta Nasser El Sonbatty por apresentar teste positivo. Nasser classificara-se, a princípio, em terceiro lugar. Note-se a preocupação quanto à manutenção da vida e da saúde dos atletas em vista do uso e abuso de droga tão perigosa!

O diurético mais conhecido e usado por culturistas, que ainda teimam, e que também é um dos mais poderosos é o **Lasix** da Hoechst. Esta droga normalmente é usada com extrema cautela devido aos efeitos colaterais. O seu efeito é bastante rápido e dura por apenas algumas horas, de forma que é tomada diretamente antes da competição. Potássio é normalmente administrado com esta droga, já que diurético causa abundante perda de minerais. Algumas marcas já contêm potássio.

9.6. INSULINA

Esta droga é utilizada terapeuticamente por pessoas diabéticas, porque não produzem insulina em quantias adequadas (diabetes do tipo I) ou porque as suas células não reconhecem a insulina (diabetes do tipo II). A insulina é um hormônio secretado pelo pâncreas, sendo que, dentre suas funções principais, está o transporte de proteínas (aminoácidos) e carboidratos (glicose) para dentro da célula. Porém, o efeito da insulina é uma faca de dois gumes, pois ela pode evitar a quebra de gorduras e ainda aumentar a sua reserva. Isso visto só para repetir o que já foi mencionado no item 4 carboidratos, onde também aprendemos como fazer uso da secreção natural deste poderoso hormônio em nosso favor, mas aqui o que mencionamos é o uso de insulina extra injetável.

Ocorre que muitos culturistas fazem uso de insulina sem se tornar obesos e sim mais fortes e definidos. Se você estiver realizando um treinamento rigoroso e não estiver ingerindo quantidades desnecessárias de carboidratos, a insulina no seu corpo irá levar nutrientes para dentro da célula e não trabalhar no processo de armazenamento de gorduras. Mas se você já tiver excesso de gordura e se consumir quantias desnecessárias de carboidratos e ainda for sedentário, a insulina irá aumentar a reserva de gordura.

A insulina vem sendo injetada em conjunto com drogas como GH (hormônio do crescimento), esteróides anabólicos, clembuterol, drogas para a tiróide e outras para que, em conjunto, tenham o seu efeito aumentado.

Existem dois tipos básicos de insulina: insulina de ação lenta e insulina de ação rápida (regular). A insulina lenta permanece no corpo por aproximadamente seis horas após a injeção (a qual deve ser subcutânea). Este tipo de insulina normalmente inicia sua ação entre 1 à 3 horas após a injeção e tem o seu pico de ação de 6 à 8 horas após a administração. A insulina regular tem ação imediata e dura cerca de 6 à 8 horas.

É importante notificar que o pâncreas naturalmente libera insulina após ter aumentado os níveis de glicose na corrente sangüínea, mas quando é injetado insulina extra, pode ocorrer um quadro hipoglicêmico (queda de glicose na corrente sangüínea). Se um culturista injeta insulina de manhã ao acordar e se alimentar de carboidratos complexos, provavelmente não criará quantidades de glicose suficientes para o momento em que a insulina der o seu pico, ou seja, após 1 ou 2 horas. Isso pode ocasionar severo quadro hipoglicêmico que se caracteriza por sudorese, falta de ar e tremores. **Severa hipoglicemia pode ocasionar a morte.**

Para evitar o problema, os culturistas que insistem em fazer uso desta droga perigosa consomem, além da refeição normal, 10 gramas de glicose para cada UI (unidade internacional) de insulina administrada. Se um atleta injeta 10UI de insulina de manhã, ingere 100 gramas de carboidratos simples (glicose) de 20 a 30 minutos após a administração. Normalmente, o ciclo de insulina é usado por oito semanas, permanecendo-se oito semanas fora do ciclo. Durante o ciclo, a dieta deve ser precisa contendo carboidratos simples e complexos consumidos na hora exata.

O uso de insulina parece ter efeito bastante positivo, quando especificamente utilizada na fase da dieta pré-competição em que o atleta aumenta o consumo de carboidratos, após passar pela fase de depleção dos mesmos como foi mencionado anteriormente neste item. A célula já ocupada por carboidratos será ainda mais recheada pelos mesmos com injeção de insulina. A insulina jamais é utilizada na fase em que a ingestão de carboidratos é limitada. Repetimos, usa-se insulina, só quando o consumo de carboidratos for elevado para promover supercompensação.

Cremos que o uso despropositado de insulina não vale a pena, pois corre-se o risco da instalação de um quadro hipoglicêmico e isto basicamente ocorre pela administração de muita insulina e pelo consumo de quantias inadequadas de carboidratos que, advertimos, **pode levar a um quadro hipoglicêmico, à coma e até à morte**. Este é um risco que não vale a pena.

10. COMPLEMENTOS ALIMENTARES E OUTRAS SUBS-TÂNCIAS ERGOGÊNICAS NÃO FARMACOLÓGICAS

Nada deve substituir a alimentação normal de uma pessoa. Comida natural feita em casa é o melhor. Nós nos referimos ao arroz, ao feijão, à carne, à salada, enfim àqueles alimentos que bem preparados e em quantias suficientes para as necessidades são sempre a melhor opção. Então surge a mídia que nos coloca à frente produtos milagrosos, tais como vitaminas, fat burners, Gainers cinco milhões, proteínas especiais, etc. E daí, onde investir o meu dinheiro ganho com sacrifício? O que vale a pena e o que é engodo ?

Dentre os produtos mencionados neste item encontram-se complementos que nós mesmo utilizamos e sugerimos a consulta a um médico para a possibilidade de uso, sendo que alguns são bastante caros, de forma que o seu orçamento irá definir o que adquirir.

10.1 COMPLEXOS VITAMÍNICOS

As vitaminas são substâncias não sintetizadas pelo organismo e são agentes essenciais ativos para manutenção das funções biológicas. A sua deficiência ou ausência pode causar quadros doentios diversos denominados avitaminoses. As vitaminas são ativas em quantidades bastante pequenas. São classificadas em hidrossolúveis (solúveis em água) e lipossolúveis (solúveis em substâncias gordurosas).

As vitaminas hidrossolúveis são as vitaminas do complexo B, PP (ácido nicotínico, nicotinamida, biotina e ácido fólico) e a vitamina C. As vitaminas lipossolúveis são: A, D, E e K.

Toda pessoa que realiza uma dieta mista, contendo todos os grupos alimentares (carnes, ovos, verduras, frutas, legumes, cereais e oleoginosas) terá garantido a presença de um teor suficiente de vitaminas para garantir a saúde, o crescimento e o desenvolvimento normal.

Ocorre que nós culturistas, outros atletas e demais pessoas ativas podem ter as necessidades vitamínicas aumentadas, de forma que só para ficar do lado seguro da ponte é conveniente selecionar um complexo vitamínico, tal como: **UnicapT, Supradim, Strasstab, Centrum, etc.** e seguir a dose recomendada que, normalmente, é de um comprimido diário com a principal refeição. Alguns destes complementos vitamínicos vêm acompanhados de minerais os quais são responsáveis pela manutenção de inúmeras funções fisiológicas como contratibilidade muscular, na função nervosa, coagulação sangüínea, transporte de oxigênio entre outras.

Observe que o consumo exagerado de algumas vitaminas pode causar quadro de hipervitaminose com conseqüências desagradáveis. Porém, existem algumas vitaminas especiais, cujo consumo extra é de muita importância para o atleta. São elas: as vitaminas C, B6 e as vitaminas antioxidantes que iremos especificar a seguir.

10.2. VITAMINA C (Ácido ascórbico)

Esta é a molécula predileta de Linus Pauling, duas vezes Prêmio Nobel. A vitamina C, dentre outros efeitos, reduz os sintomas das gripes e resfriados acelerando o processo de recuperação e tem um efeito anti-catabólico. Este efeito anti-catabólico tem importância fundamental para nós. Ocorre que a vitamina C controla uma substância produzida pelo organismo denominada **cortisol**. Este é um hormônio liberado, quando uma pessoa entra em estresse e também quando elevados esforços físicos são realizados, como um treinamento pesado. Este hormônio é antagonista à testosterona. De fato a liberação de cortisol suprime a testosterona natural produzida em nosso organismo. Inicia-se então, uma disputa entre estes dois hormônios; enquanto o cortisol tem um efeito catabólico (diminui a massa muscular) a testosterona tem um efeito anabólico (constrói a massa muscular). O cortisol também suprime importantes funções imunológicas no organismo, tornando o corpo mais suscetível a gripes e resfriados.

Esta é mais uma razão pela qual os esteróides anabólicos são utilizados com sucesso. Desde que estes sejam testosteronas sintéticas, competem com o cortisol por receptores específicos no citoplasma celular. Por isso, os esteróides anabólicos, além de efeito anabólico, são ainda anti-catabólicos, aliás parecem ser mais anti-catabólicos do que anabólicos. É por isso também que alguns atletas usuários de esteróides anabólicos, quando terminam um ciclo de esteróides, tendem a ficar resfriados ou gripados e perdem muita massa muscular como um balão que se murcha. Ocorre que, quando se deixa de administrar testosterona inadequadamente, demora semanas ou até meses para que a produção natural de testosterona se restabeleça. Enquanto isso o **cortisol** se torna dominante, podendo causar queda no sistema imunológico e catabolismo muscular.

Como elemento anti-catabólico a **vitamina C** diminui a produção de cortisol e não compete com o mesmo como faz a testosterona e é uma maneira saudável de controlar este hormônio catabólico que é produzido em resposta ao treinamento árduo. A dose recomendada é de 3000 à 5000mg de vitamina C ao dia. Saliento que esta vitamina não é toxica em grandes quantidades, nem está presente nestas quantidades nos complexos multivitamínicos sugeridos anteriormente, de forma que quantias extras devem ser administradas, caso o atleta faça ou não o uso de esteróides anabólicos. **Cewin, Cebion e Redoxon** são alguns nomes comerciais.

Fontes naturais de vitamina C são as frutas cítricas (limão, laranja, acerola, etc.) e verduras como o pimentão verde, brócolos e espinafre. Porém, para se conseguir o valor acima recomendado é mais fácil e conveniente usar os suplementos, a não ser que você esteja a fim de comer espinafre ou chupar laranja o dia inteiro. São necessários cerca de 10 copos de suco de laranja para obter um grama de vitamina C.

10.3. VITAMINA B6 (piridoxina)

Esta é outra vitamina, cujo suplemento extra vale a pena. A vitamina B6 ou piridoxina está diretamente relacionada com o metabolismo dos aminoácidos, ou seja, quanto mais proteína você ingere mais vitamina B6 você necessita. Já que a recomendação diária é baseada numa ingestão média de proteína por uma pessoa normal (0.02mg B6/grama de proteína) e que dietas baseadas em carne normalmente são pobres em ocorrência natural desta vitamina, um culturista que ingira 200 gramas de proteína por dia necessitará de aproximadamente 4mg de vitamina B6 ao dia.

Fontes naturais de vitamina B6 são carnes (de porco principalmente), leguminosas, verduras frescas e cereais integrais.

10.4. ANTIOXIDANTES

Os antioxidantes são um dos suplementos mais visados por atletas e pessoas que tenham por objetivo a saúde e o controle do envelhecimento. Os antioxidantes são basicamente compostos químicos que combatem substâncias no organismo conhecidas como **radicais livres**. Os radicais livres são moléculas instáveis que flutuam na corrente sangüínea, causando danos aos tecidos.

Estes radicais livres podem ter diversas origens tais como o metabolismo do oxigênio (o simples ato de respirar provoca a formação de radicais livres) e o processo de sintetização dos alimentos. Existem ainda uma série de fatores que maximizam a formação de radicais livres como o fumo, estresse emocional e a prática de exercícios extenuantes (daí a insistência no uso dos antioxidantes para nós culturistas).

Entre as substâncias antioxidantes encontram-se as vitaminas A, C, E e o beta-caroteno, além da coenzima Q10 o n-acetil cistina, selenium, o hormônio melatonina, entre outros. No mercado, encontram-se à disposição uma série de antioxidantes com diferentes combinações desses elementos.

10.5. EVENING PRIMROSE OIL
(Azeite noturno de primavera)

Este suplemento mencionado no item 6 gorduras essenciais vem sendo utilizado por muitos culturistas por suas propriedades anti-inflamatórias e por reporem gorduras essenciais depletadas do fígado pelo uso de esteróides anabólicos, especialmente os 17- alpha alquelados. Normalmente o ácido graxo cis-ácido linoleico obtido na dieta é convertido pelo organismo em gama-ácido linoleico (GLA). Este é requerido para formar a boa prostaglândis a qual regula importantes funções no organismo como as mencionadas anteriormente (repõe gorduras essenciais depletadas do fígado e tem propriedades anti-inflamatórias). A conversão de cis-ácido linoleico em GLA pode ser facilmente inibida. A suplementação com evening primrose oil é ótima fonte de GLA não permitindo que ocorra a conversão. A dose recomendada é de 1000mg- 2000mg por dia.

10.6. SULFATO VANÁDIO

Este mineral pode ajudar culturistas significativamente caso estejam ou não utilizando esteróides anabólicos. Estudos vêm demonstrando que o sulfato vanádio realça os mesmos processos anabólicos controlados pela insulina. Tal como a testosterona, o hormônio do crescimento e o hormônio da tiróide, a insulina é um poderoso agente anabólico. O sulfato vanádio copia os efeitos da insulina (insulinlike effect) provocando a condução da glicose e dos aminoácidos para dentro da célula em um grau maior do que normalmente ocorreria sem a utilização do sulfato vanádio. Isso cria um ambiente anabólico perfeito para o crescimento do músculo que você acabou de treinar, tornando-o mais denso e volumoso.

Infelizmente, o sulfato vanádio, tal como a insulina, direciona a gordura que, por ventura, você tenha ingerido diretamente para onde você não deseja. Desta forma, a saída é manter a ingestão de gordura mínima enquanto estiver utilizando o sulfato vanádio. Tornam-se ainda mais válidas todas as considerações feitas sobre o controle da insulina mencionadas no item 4 carboidratos e 9 farmacológicos.

A dose recomendada de sulfato vanádio é de 30-45mg por dia dividida em 3 ou 4 administrações diárias após as refeições para evitar distúrbios intestinais e hipoglicemia. Superdosagens são tóxicas e ocasionam, entre outros efeitos colaterais, distúrbios gastrointestinais e coloração verde-azulada da língua. Ainda, parece ser melhor ciclar o uso do sulfato vanádio, 8 semanas de administração e 2 semanas de intervalo (só para ficar do lado seguro da ponte).

10.7. CREATINA MONOIDRATO

Esta substância tem uma ocorrência natural no corpo humano, sendo a principal fonte de energia do músculo. Pesquisas realizadas nos últimos anos descobriram que o corpo humano é capaz de armazenar mais creatina do que normalmente consumimos numa dieta normal (indivíduos normais produzem cerca de dois gramas de creatina por dia no fígado, rins e pâncreas). Através do saturamento de creatina, o músculo se torna mais forte e se recupera mais rapidamente de esforços físicos. A creatina também aumenta o volume

MUSCULAÇÃO - ANABOLISMO TOTAL

muscular por atrair água para dentro da célula, talvez por sintetizar proteína mais rapidamente e evitar a sua quebra. A razão exata pela qual a creatina funciona ainda não é sabida, tal como inúmeros outros fenômenos científicos, mas o fato é que com o seu uso o atleta se torna mais denso, acrescenta massa magra e se torna mais definido.

A administração de creatina faz-se em duas fases: fase de saturação e de manutenção. Na fase de saturação da célula, vêm obtendo-se resultados com a administração de 20 gramas de creatina em quatro doses diárias por cinco dias. Após a célula estar saturada, usam-se 10 gramas diárias em duas doses como manutenção. Esta dose pode ser aumentada, dependendo do volume corporal. Conhecemos culturistas que, como dose de manutenção, utilizam 20 gramas. Sugere-se que a superdosagem contínua possa causar sobrecarga para o rim, muito embora isto ainda não seja certo.

A fórmula mais recomendada e efetiva de administração de creatina é entre as refeições. A creatina é misturada com água morna e tomada com um copo de suco de fruta ou com solução de glicose. Ocorre que a água morna ajuda a dissolver a creatina, enquanto o suco de fruta ou a solução de glicose libera insulina a qual realiza o transporte da creatina para dentro da célula. Estudo recente na Universidade de Nottingham demonstra que a solução de glicose é mais eficiente.

10.8. COMPLEMENTOS PROTÉICOS

Sabemos nesta altura do campeonato a importância das proteínas para a edificação da massa muscular (sem proteína não se constroem músculos). É por isso que a indústria de complementos alimentares tem à disposição no mercado diversos complementos protéicos tais como albumina de ovo, caseinato de cálcio, proteína hidrolisada de soja, whey protein (proteína do soro do leite), etc. Estas proteínas possuem diferentes graus de retenção de nitrogênio no organismo sendo que "whey protein" possui este grau mais elevado, sendo portanto, de melhor qualidade e de mais rápida absorção. É muito conveniente seu consumo após o treino e de manhã cedo, quando a reposição de aminoácidos é necessária o mais rápido possível. Em seguida escolhem-se as outras proteínas hidrolizadas (pré-digeridas) e por último as proteínas concentradas, a saber, a caseína e a albumina que, na verdade, não passam de proteínas brutas.

O fato é que o organismo humano é adaptado a absorver proteínas de fontes naturais animais ou vegetais. Estes complementos protéicos podem servir para tornar eventualmente a sua vida mais fácil no tocante à obtenção de proteínas de acordo com as suas necessidades diárias. Mas lembre-se que, analisando a relação custo/benefício, quilo por quilo de proteína, muitas vezes é muito mais barato comprar carne ou ovos do que estes complementos, sem contar que carne é carne e estes complementos nem sempre contêm aquilo que alardeiam. Olho aberto!

10.9 REFEIÇÕES LÍQUIDAS

Este é um tipo de suplementação que se encontra no mercado há muitos anos. Produtos como Sustagem, Sustacal e outros já eram conhecidos pelos nossos pais. Estes produtos contêm tudo o que é necessário em uma refeição balanceada como proteínas, carboidratos, gordura, vitaminas e minerais. Mas é lógico que nesta ocasião ninguém pensou nas necessidades especiais dos "gulosos" culturistas, de forma que só mais recentemente (no início da década de 90) é que começaram a ser lançados produtos mais direcionados para atletas, nós culturistas incluídos.

Estes produtos contêm tudo ou quase tudo que um culturista necessita em uma refeição. Como temos de realizar diversas refeições por dia, esta é uma forma de tornar a vida mais fácil, pois a final não são todas as pessoas que têm à disposição tempo ou uma cozinheira de plantão para cozinhar as nossas 6 refeições diárias. O problema é que existem atletas que abusam deste meio e substituem quase todas as refeições e se tornam viciados em refeições líquidas que podem vir em diversos sabores muito agradáveis.

Apesar de ser uma ótima opção, temos algumas considerações a fazer a respeito destas refeições líquidas. A primeira é que são pobres em fibras, de forma que particularmente, não aconselhamos que sejam substituídas mais do que três refeições diárias. Segundo, aconselhamos que sejam dissolvidas em água e não em leite ou suco de frutas, pois o leite, pela presença da lactose, pode causar indigestão para muitas pessoas; além disso, poder ocasionar a retenção de líquido subcutâneo da mesma forma que a frutose do suco de fruta.

Algumas marcas encontradas no mercado são: MET-Rx, METAFORM, RX Fuel e MYOPLEX todas de fabricação norte-americana e na maior parte das vezes acondicionadas em pacotes individuais já na dosagem necessária para uma refeição.

10.10 SPORTS DRINKS

Estas bebidas normalmente contêm a combinação de alguns dos elementos a seguir: eletrólitos (potássio, magnésio, cálcio, sódio) que visam a reposição de minerais liberados durante a atividade física, algumas vitaminas envolvidas no metabolismo energético (C e E), fontes de carboidratos simples (glucose, frutose, etc.) para prover energia imediata durante a prática da atividade física e durante a recuperação e algumas outras substâncias envolvidas na produção de energia (carnitina, inosina e o cromo).

Apesar de serem mais úteis para atletas que realizam atividades aeróbias de longa duração, quando a necessidade de carboidratos e eletrólitos é maior, estes líquidos também podem ser utilizados por nós culturistas, principalmente quando o treino for mais intenso, como no dia em que treinamos grupos musculares maiores e quando o dia for muito quente. Para aqueles que optam por dieta baixa em calorias provenientes de carboidratos, o uso destes líquidos pode também evitar que a massa muscular seja acionada como fonte de energia. Repare que, de qualquer forma, para nós culturistas, estes líquidos só devem ser ingeridos durante ou logo após o treinamento para evitar a flutuação de insulina como visto no item 4 deste capítulo.

Como exemplo destas bebidas podemos citar Gatorade, Marathon, Carbo Fuel, Carbo Vit e Sport Fuid.

10.11. GAINERS

Estes complementos em pó altamente calóricos são os que mais milagres prometem. Como vimos no item 7 dieta alta em carboidratos pode funcionar para algumas pessoas metabolicamente privilegiadas, mas para a maioria de nós mortais o ganho ocorrerá, porém em gordura. Portanto cuidado!

10.12. AMINOÁCIDOS DE CADEIA RAMIFICADA BCAA
(L-leucina, L-valina e L-isoleucina)

Estes aminoácidos perfazem um terço de toda a proteína muscular. A complementação com BCAA evita perda de massa muscular e força devido ao efeito de treinamento rigoroso. É recomendado a administração de BCAA antes e logo após o treino a ser ingerida com sports drinks ou solução de glicose, porém não com a refeição, pois os BCAAs irão concorrer com as outras proteínas presentes nos alimentos, de um intervalo de 15-30 minutos para que possa realizar a sua refeição após a administração de BCAA.

E a respeito da suplementação de outros aminoácidos ?

Analisando a velha relação custo/benefício, acreditamos que, desde que você garanta o consumo de proteínas de uma fonte confiável e em quantidade suficiente, o uso de aminoácido (mesmo os BCAAs) torna-se um gasto desnecessário.

10.13. GLUTAMINA

A glutamina e a alanina são aminoácidos não essenciais, ou seja, o nosso organismo está apto a sintetizá-los. Estes aminoácidos livres, particularmente a glutamina, são os mais encontrados no músculo, perfazendo aproximadamente 50% de todos os aminoácidos livres; a alanina perfaz aproximadamente 10%. Os níveis de glutamina são altamente correlacionados com a processo de síntese protéica no músculo. Durante o treinamento, grandes quantidades de glutamina e alanina são solicitadas do músculo. Dependendo da intensidade do esforço, solicita-se mais aminoácido do que existe à disposição no músculo. A perda de glutamina e alanina acaba por exigir que outros aminoácidos, particularmente os BCAAs, sejam

Musculação - Anabolismo Total

recrutados para refazê-las.

Como o glicogênio e a creatina, a glutamina atrai para dentro da célula eletrólitos e água, causando aumento de volume muscular.

Desta forma, existe uma tendência muito recente de adicionar glutamina em alguns complementos, suplementos protéicos e gainers em particular, para que esta aja como agente anti-catabólico e suporte o crescimento muscular, mas a quantidade efetiva a ser administrada ainda não é conhecida. De qualquer forma este complemento promete. Fique ligado!

10.14. HMB (Beta-hidroxo Beta-metilbutirati)

Esta substância é um metabólito do aminoácido de cadeia ramificada leucina que tem uma ocorrência natural em alimentos do reino animal e vegetal. O HMB também é produzido no corpo, sendo que esta quantidade diária varia de 0.1 a 1 grama dependendo da dieta. Milho, algumas frutas cítricas e alguns peixes parecem ter boa quantidade deste elemento. Mas o que há de especial a respeito desta substância? Ocorre que, em 1995 na conferência do Colégio Americano de Medicina do Esporte em Minneapolis, demonstrou-se que o uso de HMB provavelmente cause grande aumento de força e volume muscular. Não que este tenha efeito anabólico, mas sim por suas propriedades anti-catabólicas, como sugerem os cientistas. Recentes evidências demonstram que até 75% dos resultados obtidos em ganho de massa muscular por uso de esteróides anabólicos residem na sua capacidade anti-catabólica tendo, portanto, mais importância do que a propriedade anabólica propriamente dita. Desta forma, é fácil de notar a importância da suplementação com substâncias que tenham o poder anti-catabólico. A suplementação com 3 gramas de HMB que é uma dose três vezes superior àquela que é o máximo que o organismo produz pode causar significativo aumento de força e massa muscular.

É importante considerar que comida natural já é caro, especialmente as que contêm proteínas de que nós tanto precisamos. Quando passamos a considerar os suplementos, o preço pode atingir o céu. Substâncias como creatina monoidrato, "whey protein" e outros são muito caros. Se o seu orçamento permitir que você faça uso destes suplementos muito bem, caso contrário não se preocupe, isto não quer dizer que você não possa fazer um bom trabalho. Os culturistas do passado não tinham nenhum destes artifícios e assim mesmo conquistaram físicos brilhantes. Pense bem antes de investir o seu dinheiro.

O nosso objetivo neste capítulo foi de informar aquilo que se utiliza e funciona para que você possa usar o máximo de seu potencial e não jogar o seu dinheiro fora. Mantenha-se atualizado a respeito de nutrição e suplementos, pois sempre existe uma pesquisa recente ou algo novo nas prateleiras das lojas especializadas em suplementos, use, pois, o seu senso crítico e não engula abobrinhas. **Fique esperto!**

CAPÍTULO IV

ESTERÓIDES ANABÓLICOS E OUTROS ERGOGÊNICOS

1. O que são esteróides?

2. Mecanismo de funcionamento dos esteróides

3. Tipos de esteróides

4. Efeitos colaterais

5. Esteróides anabólicos e outros medicamentos mais utilizados

6. Outras drogas mais utilizadas no mundo do culturismo

7. Como são montadas as séries de esteróides?

8. Parando de utilizar esteróides

ESTERÓIDES ANABÓLICOS E OUTROS ERGOGÊNICOS

Não tenho dúvida de que muitos adquiriram este livro com o objetivo principal de aprender alguma coisa a mais a respeito do uso de esteróides anabólicos. Se este for o seu caso, não se esqueça de que o culturismo é uma atividade muito interativa, de forma que de quase nada adianta ter um bom conhecimento sobre esteróides anabólicos, mas treinar e/ou se alimentar inadequadamente; portanto, **leia o livro na íntegra.**

Apesar de que atletas de várias modalidades, tais como corredores, nadadores, jogadores de futebol e atletas de outros esportes fizeram ou ainda fazem uso dessas substâncias com o objetivo de melhorar a performance, é entre levantadores olímpicos, basistas e culturistas que se observa o maior uso dessas drogas pelo seu drástico resultado, quanto ao aumento do volume muscular e da força.

Os esteróides anabólicos foram e são extremamente estigmatizados pelos meios de comunicação, pelos órgãos de regulamentação esportiva e por alguns integrantes da comunidade científica. Principalmente no meado da década de 80, a mídia ressaltou os efeitos malévolos do uso de esteróides correlacionando-os com temperamento violento e com o desenvolvimento de doenças como o câncer do fígado e da próstata. Foram tantas histórias sensasionalistas que as emoções ficaram acima da lógica. Esta tendência para a maioria ainda prevalece.

Não quero dizer que esteróides sejam drogas seguras. Esteróides anabólicos são, sim, drogas poderosas que podem causar sérias conseqüências se usadas em excesso, se misturadas ou se automedicadas.

De fato milhares de drogas que pessoas tomam todos os dias também podem causar conseqüências sérias e muitas são várias vezes mais tóxicas do que os esteróides anabólicos. Por exemplo, milhares de pessoas que tomam diurético como o Lasix (mencionado no capítulo 3 - Nutrição) para combater simples retenção hídrica, podem morrer por dosagem um pouco superior à prescrita pelo médico. A "inocente" aspirina mata mais do que 400 crianças por ano.

E os esteróides? Evidências clínicas observam que os efeitos colaterais provocados por essas drogas são, na maioria das vezes, reversíveis. Entre os mais sérios efeitos encontram-se a toxidade hepática e o aumento do colesterol sérico (serum colesterol) os quais podem ser monitorados através de medidas específicas.

Como a AIDS, o aborto e a pena de morte o uso de esteróides anabólicos se tornou um assunto emocional. Um assunto se torna emocional quando a emoção ultrapassa a razão, quando a especulação científica prevalece sobre fatos científicos. É pena que o assunto "esteróides anabólicos" tenha despertado tanta emoção, pois assim se tornou muito difícil de encontrar pesquisas e estudos científicos relevantes sobre o assunto, porque os pesquisadores no mundo inteiro ficaram com receio de conduzir estudos nesta área por medo de represália pública. Assim deixamos, por enquanto, de ter um esteróide perfeito com mínimo ou nenhum efeito colateral. Apesar disso mais recentemente, relaciona-se o uso de esteróides como medicação terapêutica para a AIDS e como método contraceptivo masculino.

Repetimos, como qualquer outra droga os esteróides devem ser prescritos por um médico especialista que também deve encarregar-se de monitorar os efeitos colaterais, reajustar a dose, trocar o esteróide ou finalizar um ciclo. Porém, sem hipocrisia, sabemos que é possível comprar estas drogas sem prescrição médica. Apesar de ser isso proibido por lei recentemente estabelecida em nosso país, existem alguns donos de farmácia por aí que estão mais interessados com o lucro da venda do que com a sua saúde. A escolha é sua, afinal a vida é uma eterna escolha entre o sim e o não. Não é isso que significa democracia?

Como consideramos que a droga mais perigosa é a ignorância, neste capítulo, para esclarecimento, iremos estudar como os esteróides funcionam, relacionando os principais existentes no mercado, e como vêm sendo utilizados no mundo do culturismo. Só assim, através do conhecimento, é que podemos fazer uma análise séria e decidir entre utilizar esteróides anabólicos ou não, se vale a pena se automedicar e correr riscos ou ir ao médico. Escolha, mas conheça primeiro o candidato.

Cremos que, em nosso país, já atravessamos a adolescência da democracia, a muitas custas, mas ainda estamos aprendendo. Tal como o político mentiroso temos certeza de que você não engolirá mais aquela do culturista de 130kg que proclama ter construído toda a sua massa muscular às custas de "Gainer três milhões" ou aquela da vizinha que disse para a sua mãe que o filho da cunhada de uma conhecida morreu por uso de esteróides anabólicos, sem mencionar que estava viciado em cocaína e era portador do vírus da AIDS.

O aspecto moral também deve ser mencionado quando relacionamos o uso de drogas com o objetivo de melhorar a performance no esporte.

É justo competir sob o efeito de drogas com outros atletas que competem naturalmente? É óbvio que não. É por isso que as diversas federações esportivas colocam os esteróides na lista de medicamentos proibidos num esforço de colocar em nível de igualdade os competidores e salvaguardar a sua saúde. De forma que, antes de se envolver com o uso de esteróides, verifique se, na sua competição, existem testes para detectar a presença de drogas nos atletas. Caso positivo, você correrá o risco de ser apanhado se estiver utilizando qualquer droga proibida e de ser desclassificado da competição, quando não banido para sempre do esporte. Existem formas de camuflar a presença de esteróides na corrente sangüínea, através da redução progressiva da administração de esteróides antes da competição, através do uso de esteróides de eliminação rápida como é o caso da maioria dos orais, através do uso de diuréticos etc., mas ainda assim o atleta correrá o risco de ser apanhado. Novamente, a decisão é sua.

1. O QUE SÃO ESTERÓIDES ?

Esteróides são hormônios, responsáveis pela harmonia das funções primordiais no organismo. Além dos esteróides temos a insulina, o glucagon (estudados no capítulo de nutrição), os hormônios da tiróide e outros.

Existem três categorias básicas de esteróides. **Estrógenos** (hormônio feminino) produzido no ovário e encarregados de produzir os caracteres sexuais femininos . **Andróginos** (hormônio masculino) produzidos principalmente nos testículos e responsáveis pela produção das características sexuais masculinas, tais como a massa muscular, a força, a barba, o engrossamento da voz, a velocidade de recuperação da musculatura, o nível de gordura corporal e outros. Ambos os sexos produzem os dois hormônios. Os estrógenos são predominantes na mulher, muito embora o ovário e a glândula adrenal produzam pequenas quantias de andróginos. O mesmo ocorre no organismo masculino, onde estrógenos são produzidos em pequena quantidade nos testículos. O último tipo de esteróide é a **cortizona** que é produzida por ambos os sexos e tem efeito analgésico e anti-inflamatório. **Os esteróides anabólicos são um subgrupo de andróginos.**

O que os atletas desejam são os efeitos anabólicos dos andróginos. Mesmo sendo do sexo masculino a intenção é administrar quantias extras de esteróides anabólicos e beneficiar-se dos seus efeitos positivos. **Mas não é assim tão simples.**

Devemos entender que existem nestas substâncias propriedades **androgênicas e anabólicas** em diferentes níveis, dependendo do esteróide, já que existem diferentes tipos de esteróides. O que se deseja, com a administração de esteróides anabólicos, são as propriedades anabólicas como o aumento da massa muscular, a velocidade de recuperação da musculatura e o controle dos níveis de gordura corporal, ao passo que os efeitos androgênicos. tais como a ginecomastia e o acúmulo de gordura pretende-se evitar.

A indústria química produz tipos de esteróides com diferentes níveis de poder anabólico e androgênico, mas, infelizmente, os mais poderosos anabolicamente também são fortemente androgênicos. Um esteróide perfeito, 100% anabólico e 0% androgênico, ainda não existe.

2. MECANISMO DE FUNCIONAMENTO DOS ESTERÓIDES

Devemos esclarecer, primeiro, que ninguém sabe exatamente como os esteróides anabólicos funcionam e, segundo, que não iremos muito a fundo neste assunto, mas salientaremos aquilo que for mais relevante e útil. Caso contrário, teríamos de escrever outro livro só para isso e creio que poucos de vocês estão interessados em altas elucubrações científicas.

Basicamente, os esteróides são moléculas que se podem incorporar à corrente sangüínea através de administração oral via estômago e intestino ou injetada. A partir daí estas moléculas viajam pela corrente sangüínea como mensageiros, procurando um local específico para entregar a sua mensagem. Este modelo teórico de receptor de mensagem é denominado de **citos receptores**.

Estes **citos receptores** estão presentes na célula muscular, nas glândulas cebáceas, nos folículos capilares, em várias outras glândulas e em certas regiões do cérebro. A capacidade destas células de receber os diversos tipos de esteróides é denominado de **afinidade**. Em palavras simples, a célula e o esteróide devem se gostar.

Os mensageiros devem existir em forma livre na corrente sangüínea e não ligados a outra molécula para que sejam efetivos. Ocorre que uma porcentagem muito grande de esteróides está ligada a outra molécula, sendo assim incapaz de entregar a sua mensagem.

Quanto mais esteróides livres existirem na corrente sangüínea, mais esteróides estarão disponíveis para os citos receptores.

Outra consideração importante a se fazer :

- Algumas pessoas são premiadas com mais citos receptores que outras, mas isso é uma questão genética que ninguém pode mudar.

- Parece haver um fechamento dos citos receptores, quando um determinado tipo de esteróide é muito utilizado.

- Existem pessoas que têm mais afinidade a certos tipos de esteróides do que outras.

Retomando, ainda não existe um esteróide perfeito, totalmente livre, altamente anabólico, não androgênico e com alta afinidade aos citos receptores.

A molécula de esteróide viaja pela corrente sangüínea, entregando a sua mensagem a diversas células receptoras ou se modifica em outro tipo de componente e eventualmente é excretada pela urina, fezes e/ou pelo suor. A estrutura modificada da molécula de esteróide que permanece flutuando na corrente sangüínea, eventualmente, é recebida por outro tipo de receptor e pode influenciar diferentes mecanismos no corpo. Esta é uma das razões de alguns efeitos colaterais causados por esteróides. Alguns esteróides como a testosterona, variam na sua habilidade em se converter em um componente denominado **Dihidrotestosterona (DHT),** indesejável para pessoas sexualmente maduras. Essa conversão é provocada por uma enzima denominada 5-alpha-redutase. Dentre os efeitos indesejáveis estão: perda de cabelo (calvície), crescimento de pêlos no corpo e barba, acne e aumento da próstata.

Os esteróides também podem-se converter em estrógenos por um processo denominado de **aromatização.**

Os efeitos desejáveis (anabólicos) promovidos pelos esteróides são os seguintes:

A. Os esteróides podem aumentar a força de contratibilidade da célula muscular, através do aumento do armazenamento de fósforo creatina (CP). Essa substância ajuda a repor o trifosfato adenosina (ATP) que é a principal fonte de energia do músculo. Isso ocorre em uma complexa seqüência de eventos denominados ciclo de Crebs, seqüência essa que depende de várias enzimas. Em outras palavras, quanto mais fósforo creatina armazenado no músculo houver, mais forte e denso este será.

B. Os esteróides promovem balanço nitrogenado positivo (mencionado no capítulo de nutrição). Essa é mais uma forma de aumentar a força muscular e também o volume. O nitrogênio é conhecido como o componente de crescimento na proteína. Manter equilíbrio nitrogenado positivo é fator fundamental para o crescimento e força muscular. Isso é obtido pelo consumo freqüente e em quantidade suficiente de proteínas e pode ter o seu grau de retenção significativamente aumentado por uso de esteróides anabólicos.

C. Os esteróides aumentam a retenção de glicogênio. Essa substância derivada da quebra de carboidratos é a fonte secundária de energia para o músculo. Tão logo tenham se esgotado as reservas de ATP, que fornecem energia para esforços de respostas rápidas com duração de apenas alguns segundos, o glicogênio passa a entrar em cena para manter o suprimento de energia, caso o esforço se prolongue. Qualquer aumento na retenção dessa substância resulta no aumento do volume muscular. Portanto, é conveniente encher a célula de glicogênio. É a isso que se refere a dieta de supercompensação estudada no capítulo de nutrição. Ou seja, podemos atingir otimização da retenção de glicogênio intracelular manipulando a dieta, sendo que o uso de esteróides irá favorecer essa retenção, esteja a pessoa nesta dieta ou não.

D. Os esteróides favorecem a captação de aminoácidos. Os aminoácidos (proteínas) são os "tijolos" de construção da massa muscular. Hormônios como a insulina, GH e a testosterona favorecem a síntese de aminoácidos. Ocorre que com o uso de esteróides anabólicos esta síntese de aminoácidos não depende tanto da insulina. Quando o corpo secreta muita insulina, pode aumentar o acúmulo de gordura corporal.

E. Os esteróides anabólicos bloqueiam o cortisol. Como foi visto no capítulo de nutrição, o cortisol é um hormônio catabólico liberado por estresse emocional e também após treinamento árduo. Este hormônio pode suprimir a produção natural de testosterona do organismo já que estes são antagonistas e travam uma batalha para decidir se o músculo irá crescer ou definhar-se. O cortisol também torna o organismo mais susceptível a gripes e resfriados por suprimir mecanismos imunitórios. Sugere-se que os esteróides anabólicos em grande parte favorecem o crescimento muscular devido a seu efeito na atividade do cortizol no corpo humano.

3. TIPOS DE ESTERÓIDES

Existem ou existiram diversas formas de esteróides anabólicos sintéticos produzidos pela indústria farmacêutica: creme, supositório, selo de fixação na pele e sublingüal, porém os mais conhecidos e utilizados são os que seguem:

A. Orais. Estes vêm em forma de comprimidos. Dependendo da dosagem, a droga é usualmente parcelada durante o dia. Uma vez ingerida, a droga passa pelo estômago, é absorvida pelo pequeno intestino, processada pelo fígado e então passa a ser disponível na corrente sangüínea.

A tendência do fígado é destruir qualquer substância estranha ao corpo humano, de forma que cientistas tiveram de modificar a estrutura química da maior parte dos esteróides orais para evitar que estes fossem destruídos no fígado. Para isso, a estrutura química dos esteróides foi alterada por um processo denominado de 17 alpha alcalinização. Esse processo preserva as propriedades ativas dos esteróides, mas como desvantagem, a alcalinização provoca uma grande sobrecarga no fígado. Ocorre que o fígado é forçado a lutar contra algo que não pode processar e assim é danificado.

Os esteróides anabólicos orais de alta toxidade, como Hemogenim (oximetolona) e Halotestin (fluoximesterone), são evitados, só sendo utilizados com grandes intervalos e moderação para evitar os efeitos colaterais. Mas nem todos os orais são tóxicos. O Androxon (undecanoato de testosterona) parece ter efeito tóxico mínimo para o fígado, porém não é muito bem aceito pela comunidade de culturistas e o Anabol (metandrostenolona) se utilizado sensatamente parece ser muito pouco nocivo ao fígado.

De qualquer forma, seja qual for o esteróide utilizado, o acompanhamento médico é essencial. Só assim podem ser solicitados exames de sangue apropriados para detectar irregularidades no fígado, indicando-se assim a necessidade de parar com o esteróide causador do dano ou ajustar com outro menos tóxico.

B. Injetáveis. Todos os esteróides injetáveis devem ser administrados via intramuscular e não intravenosa ou subcutânea. A maior parte são dissolvidos em base oleosa, mas alguns são dissolvidos em água. Os dissolvidos em água, também conhecidos como suspensão aquosa, tais como o Winstrol V e propionato de testosterona, são assim denominados por necessitarem ser agitados para tornar a mistura água/esteróide homogênea. Estes não possuem boa reputação entre culturistas por serem mais suscetíveis a bactérias, ao passo que os de base oleosa possuem agentes anti-bacterianos mais eficientes.

Os esteróides injetáveis são considerados menos nocivos do que os orais, porque não passam por processo de alcalinização. Estes esteróides passam para a corrente sangüínea via muscular. Outra vantagem é que os esteróides injetáveis de base oleosa permanecem na corrente sangüínea por mais tempo, visto que o óleo se dissipa lentamente do local da aplicação devido a sua viscosidade. Desta forma, enquanto os orais devem ser administrados diariamente, os injetáveis podem ser administrado a cada semana ou de duas em duas semanas.

A desvantagem dos injetáveis é que eles são mais tóxicos para os rins, além do desconforto que é a injeção. (Muitas pessoas correm mais rápido que o Ben Jonhson ao verem uma seringa).

4. EFEITOS COLATERAIS

Muitos efeitos colaterais de longo e curto prazo são relacionados com o uso de esteróides anabólicos. Efeitos colaterais, como calvície e acne, não são ameaças à vida, mas podem ser psicologicamente preocupantes, ao passo que a hipertrofia da próstata é uma conseqüência que não pode ser ignorada.

O fato é que efeitos colaterais são relacionados, mas daí a admitir que, usando esteróides anabólicos, você terá estes efeitos colaterais é o mesmo que assumir que não os utilizando você jamais terá estes problemas. Aposto que você tem um tio careca que jamais utilizou esteróides.

Alguns usuários de esteróides anabólicos parecem escapar dos efeitos colaterais, enquanto outros sofrem um ou mais desses efeitos. Tudo depende da predisposição genética, fato que a mídia normalmente não menciona.

O principal culpado pelos efeitos colaterais provocados pelo uso de esteróides anabólicos é um hormônio denominado Dihidrotestosterona (DHL). Este hormônio é convertido no corpo a partir da testosterona por uma enzima denominada de 5-alpha redutase. Dentre os efeitos indesejáveis provocados por este componente estão:

4.1. CALVÍCIE

A Dihidrotestosterona faz com que o folículo capilar pare de crescer cabelo. Homens com tendência à calvície têm mais concentração de DHL e afinidade a androgênicos no folículo do cabelo. Como medida paliativa, algumas pessoas utilizam androgênicos tópicos como minoxidil e polysorbate 80, mas com pouco ou nenhum resultado para a maioria. Muito embora pareça que a persistência no uso destas substâncias seja o melhor. O resultado parece ser obtido com mais consistência após meses de aplicação contínua.

4.2. HIPERTROFIA PROSTÁTICA

Também observa-se que DHL tem importante papel no mecanismo de aumento prostático. Este problema acontece com homens de mais idade, nos quais naturalmente a quantidade de DHL é maior. Só nos Estados Unidos ocorrem aproximadamente 400.000 prostatectomias anuais. Isso é um problema sério para muitos homens. A solução para esse problema é uma classe de medicamento denominado de inibidor de alpha-redutase. Como o nome diz, este medicamento inibe a enzima que converte a testosterona em DHL. Uma dessas drogas, comercialmente disponível, denomina-se Proscar. Infelizmente, essa droga pode ocasionar efeitos colaterais, como impotência, perda de interesse sexual e dores de cabeça em um número pequeno de pessoas. Você arrisca?

4.3. ACNE

A DHL também se relaciona com a formação de acne por fazer com que a glândula sebácea produza mais óleo, combinando isso com bactérias do ar, pele seca e outros, forma-se a acne. Como medida paliativa, podem-se utilizar remédios tópicos como retin-A, mas com a desvantagem de ocasionar vermelhidão na pele.

Os esteróides variam quanto a sua tendência em se converter em DHL. Drogas ricas em andrógenos, tais como metandrostenolone (Dianabol) e oximetolona (Hemogenim), tendem a se converter rapidamente em DHL enquanto drogas, como oxandrolone (Anavar) e decanoato de nandrolona (Deca-Durabolim), não se convertem em DHL facilmente, não tendo dessa forma efeito pronunciado em relação à perda de cabelo, à acne e ao aumento da próstata.

Outros efeitos colaterais não necessariamente vinculados à produção de DHL podem também ocorrer.

4.4. AGRESSIVIDADE

Este é um efeito bastante comum. Apesar de ter um lado positivo na academia durante treinamento, a agressividade pode ocasionar sérios problemas sociais, como perda de controle no trato com problemas triviais diários que fazem parte da vida de todos nós, podendo também ocasionar alienação e distanciamento daqueles que nos deveriam ser caros, os familiares, os amigos e os colegas de trabalho. Novamente são os esteróides mais androgênicos que causam este efeito mais acentuado. Se um atleta é mais maduro emocionalmente, terá meio caminho andado para controlar estes efeitos ou para decidir por uma droga menos androgênica.

4.5. HIPERTENSÃO

Ocorre que alguns esteróides tendem a reter água em várias partes do organismo, inclusive no sangue, fazendo com que este aumente de volume e, em conseqüência, de pressão. Os sintomas mais comuns da hipertensão são dores de cabeça, insônia e dificuldade respiratória. Esta pode também ser uma doença silenciosa, sem manifestações evidentes, o que a torna ainda mais perigosa. Dessa forma, o atleta sob o uso de esteróides deve medir a sua pressão arterial regularmente. Normalmente, a pressão limite é de 130/90 sistólica e diastólica, respectivamente, mas são necessários algumas correções, dependendo da idade, sexo, diâmetro do braço, etc.; por isso só deve ser medida e interpretada por um médico. Sódio é elemento agravante, de forma que deve ser limitado na dieta por usuários de esteróides. Drogas como Dyaside, Catapres e Lasix são utilizadas no tratamento da hipertensão, mas são administradas exclusivamente com controle médico.

4.6. LIMITAÇÃO DO CRESCIMENTO

Alguns esteróides, se utilizados por longo período ou em grande quantidade, têm como efeito colateral o fechamento prematuro dos discos de crescimento localizados nas epífises ósseas. Certamente este não é um problema para usuários maduros, mas uma preocupa_ ção para os mais jovens, ainda em crescimento. Para esse problema, a única solução é acompanhar a administração de esteróides com estudos radiográficos periódicos para verificar se está havendo interferência no crescimento linear .

4.7. AUMENTO DO COLESTEROL

Os esteróides muito freqüentemente têm como efeito o aumento de LDL (mau colesterol) e a diminuição de HDL (bom colesterol). O aumento de LDL ocasiona o depósito de gordura nas artérias, aumentando o risco de enfarte e derrame. O aumento de colesterol plasmático normalmente retorna ao normal após ter cessado o ciclo de esteróides. Limitar o consumo de gorduras saturadas e a realização de atividades aeróbicas são recomendações úteis para este caso.

4.8. VIRILIZAÇÃO EM MULHERES

Pode ocorrer efeitos como crescimento de pêlos na face, engrossamento da voz, hipertrofia do clitóris e amenorréia. Para este caso a escolha de esteróides com baixo componente androgênico é o melhor, muito embora estes efeitos reduzam-se ou desapareçam com o fim do ciclo de esteróides.

4.9. GINECOMASTIA

Coloquialmente referida como "teta de cadela", a ginecomastia é uma manifestação caracterizada por excessivo desenvolvimento dos mamilos em indivíduos do sexo masculino. Pode ocorrer em um ou em ambos peitorais; usualmente, manifesta-se por uma coceira persistente e o aparecimento de um nódulo logo abaixo do mamilo. A ginecomastia normalmente aparece em três fases distintas da vida. Aproximadamente 60-90% de bebes recém-nascidos apresentam uma pequena ginecomastia devido à presença de estrógenos na placenta da mãe. Neste caso, a hipertrofia do mamilo, normalmente, desaparece em algumas semanas. Muitos casos também se manifestam em adolescentes de 10 a 14 anos. Ocorre que em adolescentes, às vezes, a produção de estrógenos processa-se mais rápido do que a produção de testosterona, salientando-se assim caracteres femininos. E por último é a incidência de ginecomastia em homens na terceira idade que passam a converter estrógenos a partir da testosterona através de um processo denominado de aromatização. Esta hipertrofia normalmente não é cancerosa mas deve ser evitada.

A ginecomastia também pode ser desenvolvida por usuários de esteróides anabólicos, especialmente por aqueles que utilizam esteróides mais androgênicos. Ocorre que estes são os mais suscetíveis à aromatização e a ginecomastia é um dos efeitos da aromatização. Às vezes, este processo é tão saliente que o nódulo formado abaixo do mamilo começa a atrair qualquer gordura existente em volta, aumentando ainda mais a saliência.

A melhor forma de tratar a ginecomastia é evitar que ela apareça. Citrato de tamoxifeno (NOLVADEX) é um antagonista de estrógenos que trabalha bloqueando os receptores de estrógenos, sendo o medicamento mais utilizado entre os usuários de esteróides anabólicos. O citrato de tamoxifeno é usado principalmente para tratar câncer de mama em mulheres. Este medicamento pode causar a redução parcial da ginecomastia. Como lado negativo, o uso de NOLVADEX vem sendo relacionado com o desenvolvimento de câncer de fígado e uterino em mulheres que se servem dele por longo período.

A melhor forma de evitar a ginecomastia é não utilizar esteróides anabólicos, mas, se isto for inevitável, o melhor é utilizar aqueles que pouco aromatizam, ou seja, os menos androgênicos. Em caso de persistência, a ginecomastia pode ser removida cirurgicamente por um bom cirurgião plástico.

4.10. DOR DE CABEÇA

Também ocasionada pelos esteróides mais androgênicos é um dos efeitos da elevação da pressão arterial. Limitar o uso de esteróides altamente androgênicos e controlar a pressão arterial é a principal medida. O uso de H.C.G. (gonadotrofina coriônica humana, ver em dicionário de drogas), também pode ocasionar ligeira enxaqueca.

4.11. IMPOTÊNCIA E ESTERILIDADE

No início de um ciclo de esteróide, normalmente o homem passa por um período de excitação sexual com aumento na freqüência de ereções. Porém, este efeito tem duração de algumas semanas, revertendo-se gradualmente para a perda de interesse sexual. Esta redução de libido sexual resultado do cessamento ou redução na produção natural de testosterona devido à elevação excessiva de testosterona no corpo, proveniente da administração de esteróides anabólicos. Qualquer sintoma de impotência é temporário e cessa à medida que o esteróide deixa de ser administrado.

Atletas que fazem ciclos de esteróides muito longos, periodicamente administram HCG (gonadotrofina coriônica humana) em intervalos regulares, usualmente a cada seis semanas. Neste caso, a HCG estimula os testículos a produzir testosterona natural, evitando assim os sintomas mencionados.

O HCG também é utilizado no final do ciclo de esteróides para acelerar a volta da produção natural de testosterona e muitas vezes para reduzir o intervalo entre ciclos de esteróides.

4.12. INSÔNIA

Os esteróides têm efeito estimulante no sistema nervoso central, o que pode provocar insônia. Para evitar o problema, os esteróides orais só devem ser administrados seis horas antes de ir dormir e os injetáveis logo ao acordar. O efeito também desaparece com a interrupção da administração.

4.13. HEPATOTOXIDADE

Quase todos os esteróides causam lesão no fígado, sendo que os 17 alpha-alquelados são os mais tóxicos pela dificuldade de processamento. A maior parte das lesões promovidas no fígado são reversíveis tão logo o uso do medicamento seja interrompido. Porém, efeitos mais sérios como icterícia somatizada pelo amarelamento da pele, das unhas e branco dos olhos é um sinal para imediata interrupção do medicamento e procura de orientação médica para monitoração das funções hepáticas. Acredita-se que o uso de "evening primrose oil" reduz a lesão hepática por repor no fígado ácidos graxos depletados pelos 17 alpha-alquelados. Os outros hepatoprotetores têm eficiência ainda duvidosa.

4.14 PROBLEMAS DE TENDÕES E LIGAMENTOS

Sob o efeito de esteróides anabólicos o músculo se torna mais forte pelo aumento no tamanho das fibras musculares e pela maior retenção de fluídos. Ocorre que muitas vezes este aumento de força é desproporcional à capacidade de adaptação dos tendões e ligamentos (terminações que conectam o músculo ao osso) que têm este processo mais lento. Em decorrência disso, muitos atletas experimentam inflamações, inchaço e até ruptura de tendões e ligamentos. A única forma de evitar este problema, que pode retirá-lo do cenário por semanas ou meses, é obter ganhos progressivos e incluir periodicamente exercícios de alta repetição em seu treinamento com o objetivo de fortalecer os tendões.

Estes são alguns dos efeitos colaterais mais comuns. De novo, a melhor forma de evitá-los é não utilizar esteróides anabólicos ou, se os utilizar, procurar monitorização médica para que estes efeitos sejam minimizados.

5. ESTERÓIDES ANABÓLICOS MAIS UTILIZADOS

Neste item analisaremos uma relação dos esteróides anabólicos mais utilizados no mundo do culturismo, tanto de nacionais quanto de estrangeiros. Constará esta relação de uma ligeira descrição técnica e dos resultados, normalmente, obtidos com o uso de cada medicamento.

É muito importante observar que a maior parte das informações aqui contidas não são baseadas em estudos científicos e que as dosagens aqui mencionadas não são as dosagens terapêuticas que atendem às necessidades originais destes medicamentos e sim dosagens muito mais elevadas que podem causar danos à saúde.

Estas informações são resultado do processo de tentativa e erro por parte de inúmeros culturistas, sendo a maioria verdadeiros postulados na musculação, o que, porém, não diminui os riscos destas dosagens.

Gostaria de salientar que as drogas encontradas no Brasil de fabricação nacional são legítimas.

O maior problema são as importadas vendidas na clandestinidade. Ocorre que, a partir de meados da década de 80, o governo dos EUA passou a realizar uma campanha de apreensão de esteróides anabólicos, após ter sido pego um número grande de atletas em testes positivos para esteróides e desqualificados das competições. Essa campanha foi bastante efetiva, mas, como efeito negativo o governo americano retirou a comercialização de esteróides das mãos de legítimos representantes e passou para mãos de fraudadores e contrabandistas que acabaram criando um mercado milionário. Calcula-se, que no presente momento, existam mais de 200 laboratórios clandestinos nos EUA .

A maior parte da produção destes laboratórios clandestinos não contém nenhum esteróide ativo, sendo os injetáveis apenas óleo vegetal e os comprimidos placebos inativos. Às vezes, estes produtos contêm esteróide, porém não aquele anunciado, mas um outro mais barato, ou o original em quantidades reduzidas. Estes esteróides clandestinos podem representar sério risco para a saúde por serem fabricados fora dos padrões de higiene.

Na Europa, o problema é semelhante. Particularmente na Inglaterra, o controle de fabricação e venda é mais rigoroso. No parlamento inglês, está um projeto de lei que classifica os esteróides anabólicos como drogas de categoria A semelhante à cocaína, êxtase e maconha. Nos EUA, esteróides anabólicos já são classificados assim faz alguns anos.

Existem algumas formas de identificar drogas legítimas das falsas. Por exemplo, o impresso na ampola é normalmente em alto relevo nas legítimas; enquanto que em algumas falsificadas, o impresso é plano e sai facilmente, raspando-se levemente com a unha. As bulas das falsas, muitas vezes, vêm com margens ásperas e não simétricas e o impresso é desbotado; enquanto as das legítimas são muitas vezes, laminadas e protegidas contra raios UV ou envernizadas para prevenir que desbotem. O número do lote e data de vencimento que aparece na caixa não deve estar no mesmo impresso que os demais dizeres. O número nas originais normalmente é impresso com rolo metal que deixa uma clara identificação da data. Mais recentemente, a indústria farmacêutica vem utilizando matriz por pontos ou impressão por jato de tinta para indicar as datas e número do lote. Os fraudadores normalmente imprimem tudo com a mesma tinta.

Estas são as melhores formas para identificar esteróides falsos, mas para ter certeza absoluta é só com exame de laboratório utilizando tecnologia avançada, como cromatografia a gás. e espectrometria de massa, porém isso custa algo como mil dólares.

Neste item iremos trabalhar com unidades de medida. Para evitar qualquer confusão é importante esclarecer que:

-Unidade de volume para óleo e suspensão aquosa podem ser em cc (centímetro cúbico) ou ml (mililitro) e 1cc = 1ml.

-Unidade de peso é expressa em gr(grama) e a dosagem dos comprimidos é em mg (miligrama) ou, às vezes, em frações de miligramas (microgramas).

Dicionário de esteróides mais utilizados no mercado nacional e internacional

Anabolicum Vister (quimbolone)

Este é um esteróide originalmente destinado ao tratamento de mulheres no período pós-menopausa e ao tratamento de sintomas relacionados com o envelhecimento. É um esteróide muito pouco androgênico, não aromatiza e não é tóxico ao fígado por não ser um 17 alpha-alquelado, mas por outro lado tem um efeito anabólico muito restrito. Atletas que estão iniciando o uso de esteróides, como também mulheres, são as que podem obter melhores resultados com os mesmos, enquanto aqueles já acostumados com drogas mais fortes não conseguem bons resultados administrando este esteróide.

109

Apresentação: Recipiente de vidro contendo comprimidos de 10 mg. É produzido somente na Itália pela PARKE DAVIS.

Anabol (metandrostenolona).

Com o nome de **Dianabol** esta droga foi inicialmente produzida nos EUA pela CIBA, porém a produção parou há muitos anos, de forma que, se você encontrá-la com este nome muito provavelmente é falsificada ou vencida há muitos anos, porém a mesma droga é encontrada com os seguintes nomes: Anabol produzido na Tailândia; Metandionona-5 da Finlândia; Andoredan e Encephan, no Japão, Metanabol na Polônia, Nerobol na Hungria, Pronabol-5, na Índia, Stenolon, na República Checa e Naposim, na Romênia. Este foi e é um dos esteróides orais mais populares, principalmente entre aqueles que não são muito chegados ao desconforto de injeções. Esta droga, em doses adequadas, mostra ser bastante androgênica, causando significativos ganhos em força e volume muscular em questão de algumas semanas de uso. A maior parte do ganho em força, deve-se ao potencial de retenção hídrica causado por este esteróide o que o torna muito válido enquanto estiver em fase de aumento de massa muscular, mas indesejável em fase pré-competição (definição). Por ser um alpha-alquelado tem efeito bastante tóxico ao fígado em altas dosagens. Por aromatizar, pode causar ginecomastia em algumas pessoas e também a acne é problema para alguns. Para evitar ginecomastia normalmente é acompanhada a administração desta droga com o uso de citrato de tamoxifena (Nolvadex). Mulheres devem evitar o uso desta droga, porém se decidirem utilizá-la, a dosagem deve ser baixa. Para homens a combinação de metandrostenolona e Deca-Durabolin (17-decanoato de nandrolona) por semana, normalmente causa drásticos aumentos de força e massa muscular, sendo uma das séries mais eficientes e seguras que se pode fazer.

Apresentação: Usualmente comprimidos de 5mg em embalagens diferentes, dependendo do laboratório. Anabol é vendido em embalagem plástica contendo mil comprimidos. Pronabol-5 em caixa rosa contendo 50 comprimidos. A produção de Pronabol-5 foi interrompida, mas ainda podem se encontrar estoques em diversos lugares na Europa.

Anavar (oxandrolone)

Esta droga foi originalmente comercializada na década de 60 pela Searle em diversos países com nomes diferentes: Anavar (USA), Lonavar (Argentina, Japão e Austrália), Lipidex (Brasil) e outros. Mas em 1989 este laboratório interrompeu a produção, porque não queria ter o seu nome associado a esteróides. No entanto, outros laboratórios como SPA da Itália, BTG dos EUA, Kowa e Dainippon do Japão, continuam a produzir o mesmo medicamento. Oxandrolone é moderadamente andrógenos e com bom efeito anabólico não causando efeitos colaterais pronunciados. Por isto também é utilizado por mulheres. O Anavar tem como efeito principal um grande aumento de força por ampliar os depósitos de fósforo creatina intracelular (fonte de combustível muscular para esforços imediatos de curta duração com até 10 segundos, aproximadamente). É utilizado normalmente em conjunto com Parabolan para densidade muscular, e com Deca para aumento de massa.

Apresentação: Caixa com 30 comprimidos de 2.5mg cada. É produzida pela SPA da Itália.

Androxon (undecanato de testosterona).

Esta droga, também encontrada no Brasil, foi tida pela mídia americana como um excelente esteróide por não ser alquelado. O Androxon é absorvido pelo intestino não passando pelo fígado, de forma que não representa risco de toxidade para o mesmo como as demais drogas orais. Como desvantagem, a base contida neste esteróide tem um curto período de vida na corrente sangüínea, de forma que deve ser ingerido mais constantemente para manter uma dose estável no sangue. Outra suposta propriedade desta droga é que ela não promove a interrupção da produção natural de testosterona e não aromatiza. Apesar de todas estas maravilhas é uma pena que o Androxon não tenha boa reputação na fraternidade dos culturistas por não ocasionar nenhum ganho de força ou de massa muscular segundo depoimento de quem já utilizou até duas vezes acima da dose máxima recomendada.

Apresentação. Cápsula marrom de 40g em caixas contendo 60 unidades. É produzido no Brasil pela ORGANON.

Deca-Durabolin (17-decanoato de nandrolona).

Este esteróide, também encontrado no Brasil, originalmente foi desenvolvido pela Organon na década de 60, mas atualmente diversos outros laboratórios produzem este esteróide, como o Extraboline da Grécia e o Dynabolon da Itália que é uma variação do decanoato de nandrolone sendo mais androgênico do que a Deca original. A Deca em sua forma original é moderadamente androgênico com boas propriedades anabólica, sendo utilizado para ganho de massa muscular e pré-competição, porém, alguns atletas tendem a reter muito líquido com esta droga. A Deca é muito usada como uma droga de base para todo o ciclo de esteróide (desde que fora de temporada) por evitar inflamações e dores articulares que podem ocorrer devido a realização de treinamento pesado. A diferença da Deca produzida no Brasil é que esta vem com a concentração de 25mg/ml ou 50mg/ml, enquanto no exterior existe concentração de 100mg/ml.

Apresentação: Ampolas de 25 ou 50mg/ml. É produzido no Brasil pela ORGANON.

Deposteron (cipionato de testosterona).

Esta droga injetável é conhecida por promover rápido ganho de força e volume muscular. É altamente androgênica e com boas propriedades anabólicas. Como a maior parte das testosteronas, esta droga tende a aromatizar facilmente, sendo provavelmente a maior responsável pelas ginecomastias entre culturistas. Por reter muita água, pode causar acentuada elevação na pressão arterial em alguns usuários. É utilizada fora de temporada, quando o objetivo é ganhar peso. O Deposteron também tem a fama de atrofiar os testículos mais rapidamente do que qualquer outra droga do mercado, além de ocasionar perdas vertiginosas de força e volume tão logo a droga seja descontinuada. Encontra-se como recomendação o acompanhamento com Nolvadex durante a administração do cipionato. Na Europa o laboratório Leo produz o cipionato de testosterona com o nome de Testex, no Brasil a NOVAQUÍMICA produz o Deposteron.

Apresentação: Caixa com uma ampola de 200mg/ml. É produzido pela NOVAQUÍMICA no Brasil

Durateston (decanoato de testosterona, fenilpropionato de testosterona, isocaproato de testosterona e propionato de testosterona).

Este esteróide injetável é a combinação de 4 compostos de testosterona. A idéia de misturar estes diferentes ésteres é obter uma ação imediata após a aplicação e mantê-la por um longo período. O propionato de testosterona tem uma ação imediata, mas de curto período; o fenilpropionato e o isocaproato têm um início de ação mais lento, porém de maior duração. Esta droga mostra excelentes resultados em aumento de força e ganho de peso e não parece promover retenção hídrica como a maioria dos esteróides altamente androgênicos, mas mesmo assim só é utilizada fora de temporada. Outra vantagem observada pelos usuários é que se pode utilizar esta droga por maior período de tempo pelo fato de não causar maciço fechamento dos citos receptores como acontece com muitos esteróides. Mulheres não devem utilizá-la. Na Europa o laboratório ORGANON produz o mesmo medicamento com o nome de Sustanon. A CIBA-GEIGY produz na Suíça outra droga semelhante seguindo a mesma idéia de liberação gradual com o nome de triolandren, enquanto na Grécia é produzido o OMNADREN.

Apresentação: Ampola de 250mg/ml (30mg de propionato de testosterona, 60mg de fenilpropionato de testosterona, 60mg de isocaproato de testosterona e 100mg de caproato de testosterona). É produzido no Brasil pela ORGANON.

Equipoise (undecilenato de boldenone).

Apesar de ser uma droga de uso exclusivamente veterinário, há muitos anos culturistas a descobriram e desde então vem sendo utilizada para aumentar força e volume. Parece ser uma droga bastante anabólica, mas muito pouco androgênica, moderadamente tóxica ao fígado e com baixo nível de aromatização. O Equipoise tem efeito similar ao da deca sendo que alguns atletas obtêm um físico bastante denso com administração fora de temporada e pré-competição também. Esta droga é bem tolerada por mulheres.

Apresentação: Frasco de multidosagem contendo 10ml (50mg/ml). É produzido no Brasil pela SQUIBB.

Esiclene (formebolone).

Este é um esteróide anabólico de uso bizarro. O objetivo desta droga é ocasionar um efeito puramente cosmético, localizado que tem a duração média de 24 horas. Por isto é utilizada horas antes da competição. O Esiclene promove uma inflamação no local da aplicação, aumentando assim o volume do músculo por inchaço. Este é um dos poucos esteróides em solução aquosa e apesar de conter tintura de lidocaína (anestésico) nesta mistura, usuários testemunham que é uma injeção muito dolorida. O Esiclene é principalmente utilizado no bíceps, tríceps, ombros e panturrilha em injeção profunda, utilizando-se seringa e agulha de insulina. Se a aplicação não for profunda, o líquido pode acabar sob a pele prejudicando a definição. Alguns atletas mais radicais utilizam agulhas convencionais para garantir profundidade.

Apresentação: Caixa com 6 ampolas de 2ml cada. É produzido pelo LPB PHARMACEUTICALS de Milano (Itália).

Gabormon (Metiltestosterona).

Este é um tipo de esteróide oral de curto período ativo no organismo, menos de uma hora, sendo a maior parte de seu componente ativo neutralizado no fígado. A este esteróide é acrescido o ácido gama-eminobutírici que é um mediador químico que age na transmissão do influxo nervoso nas sinapses. Não tem propriedades anabólicas significativas, sendo mais utilizado por levantadores olímpicos antes de treinamento pesado ou antes de competições para aumentar a agressividade.

Apresentação: Frasco com 20 comprimidos (10mg de metiltestosterona e 5mg de acido gama-eminobutírico cada comprimido). É produzido no Brasil por QUÍMICA E FARMACÊUTICA NIKKHO DO BRASIL.

Halotestin (fluoximesterona).

O Halotestin só é utilizado nas últimas semanas que antecedem o campeonato por ser muito tóxico ao fígado. O objetivo é aumentar o nível de andróginos no organismo enquanto estiver realizando supercompensação de carboidratos e também aumentar a vascularização, tendo como característica principal o poder de não reter muita água. O Halotestin, no momento, só parece estar sendo produzido pela UPJOHN na Grécia. Mulheres não devem utilizar a droga. Por ser altamente androgênico o Halotestin pode causar sérias mudanças no temperamento.

Apresentação: Frasco com 20 comprimidos de 5mg cada produzido pela UPJOHN.

Hemogenin (oximetolona).

Esta droga é conhecida como o esteróide oral mais poderoso que um culturista pode administrar. Ela ocasiona um rápido ganho de força e volume muscular, mas, devido à sua alta toxidade ao fígado, a dose e o ciclo de utilização devem ser limitados, pois sua utilização pode tornar mais pronunciados os outros efeitos colaterais mencionados anteriormente neste capítulo, mesmo em dose menor é de praxe o uso de Nolvadex para se limitar alguns dos efeitos indesejáveis. O tempo de uso verificado não ultrapassa 6 semanas. Onde as repetições de consumo só ocorrem com intervalos de 6 a 8 semanas. Ao contrário do Halotestin, o Hemogenin não é utilizado em fase de pré-competição, tendo em vista que ocasiona muita retenção hídrica. Mulheres não devem utilizá-lo.

Apresentação: Caixa com 10 comprimidos de 50mg cada. É produzido pela SYNTEX no Brasil.

Parabolan (trembolone).

Este esteróide de ótima reputação só era produzido na França. Faz alguns anos que sua fabricação foi interrompida, mas em 1996 o laboratório NEGMA voltou a fabricá-lo na Bélgica. É um injetável derivado da 19-nortestosterona a mesma derivação da Deca-

Durabolin; por isso ambas as drogas têm efeitos similares. Usado em dosagens adequadas é uma das drogas favoritas para fase pré-competição, tendo em vista que o efeito androgênico do Parabolan promove excelente efeito cosmético, ou seja, vascularização e alta densidade muscular sem retenção hídrica aparente. Superdosagem tende a aromatizar como a maioria dos esteróides. O Parabolan também é utilizado com sucesso em fase de aumento de volume muscular, normalmente é administrado com outro esteróide altamente androgênico. Quando administrado sozinho, não se verifica o uso de Nolvadex em paralelo. Isto só se apresenta, quando a administração for realizada junto com outro esteróide androgênico que retenha muita água, tal como Anabol e Hemogenim.

Apresentação: caixa com uma ampola de 76mg/1.5ml. É produzido pela NEGMA.

Primobolan (mentelona).

Este esteróide produzido pela SHERING na Europa, podria vir na forma oral e injetável. Eram os famosos omprimidos de 50mg, mas a sua produção foi descontinuada em 1993, só restando o de concentração de 25mg, e a forma injetável DEPOT, com 100mg/ml. O Primobolan é atualmente o favorito para a pré-competição por produzir densidade muscular em dieta para perda de gordura e líquido subcutâneo. A maior parte dos atletas preferem a versão injetável por ter que ser administrada apenas uma vez por semana, porém alguns preferem a versão oral para os dias que antecedem a competição. O primobolan também é o esteróide favorito entre as atletas do sexo feminino.

Apresentação: Comprimidos (caixa com 50 comprimidos de 25mg). ACETATO (caixa com três ampolas de 10-20mg/ml). DEPOT (caixa com uma ampola de 100mg/ml). Todos produzidos pela SHERING na Europa.

Proviron (mesterolona)

Este é um esteróide anti-aromatizante não tóxico. Também não tem propriedades anabólicas. É utilizado por ter ação similar ao citrato de tamoxifeno. Não bloqueia os citos receptores de estrógenos como faz o citrato de tamoxifeno, mas evitando que os esteróides aromatizem. Muitos atletas utilizam o proviron em conjunto com o Nolvadex num esforço para reduzir os efeitos colaterais. Como ponto negativo, o Proviron parece competir com os esteróides anabólicos por citos receptores no músculo, reduzindo assim o efeito anabólico dos esteróides. O Proviron é utilizado por culturistas de ambos os sexos não só para evitar a ginecomastia mas também para aumentar a densidade muscular.

Apresentação: Frasco com 20 comprimidos sulcados. É produzido pela SHERING DO BRASIL.

Testosterona suspensão

Esta droga é assim denominada porque deve de ser agitada para que os cristais se misturem à solução baseada em álcool desidratado e cloroformio. A testosterona suspensão só tem atividade por algumas horas no organismo, senão minutos, antes que seja eliminada, principalmente pela urina. Este esteróide é utilizado por levantadores olímpicos e basistas para aumentar o potencial de força logo antes de treinamento pesado ou competição. Mulheres não devem utilizá-la.

Apresentação: Frasco multi-uso contendo 25mg, 50mg ou 100mg por ml. É produzida pela STERIS nos EUA. O frasco multi-uso aumenta o risco de contaminação!

Propionato de Testosterona.

Este é um esteróide injetável de base oleosa produzido por diversos laboratórios como o INTERNATIONAL LABS de Bangkok, PAYNES LABORATOIRES do Kenya Steris dos EUA e outros. Por não ser muito androgênico ele não causa efeitos colaterais pronunciados sendo o preferido pelos culturistas mais preocupados com o desenvolvimento de ginecomastia, a queda de cabelo e outros efeitos colaterais que são mais freqüentes e intensos em pessoas de mais idade, principalmente a partir dos 30 anos de idade. Apesar de não ser muito androgênica, esta droga promove ganhos de força e volume bastante significativos sem acarretar muita retenção hídrica. O período de vida ativa desta droga na corrente sangüínea varia de 1 a 2 dias. Mulheres utilizam o proprionato de testosterona em dosagens inferiores à masculina.

Apresentação: Ampola de 100ml/2ml ou frasco multi-uso de 10ml com 104.2mg/ml dependendo do laboratório.

Testoviron DEPOT (enantato de testosterona).

Esta é uma das testosteronas de ação mais prolongada no organismo. O efeito desta droga é bastante lento, porém duradouro. É normalmente administrada em conjunto com algum outro esteróide bastante androgênico. O seu efeito é similar ao promovido pelo cipionato de testosterona, porém sem tanta retenção hídrica. O testoviron também é utilizado no final de um ciclo de esteróide por permitir uma volta gradual da produção fisiológica de testosterona, evitando assim choque vertiginoso com perda de peso, como acontece ao interromper o ciclo de outros esteróides. Mulheres não devem utilizá-lo.

Apresentação: ampola de 250mg/ml produzido pela SHERING na Europa.

Winstrol (stanozolol).

Este esteróide pode vir na versão oral e injetável em diluente aquoso. Winstrol é um esteróide pouco androgênico e moderadamente anabólico, não promovendo aromatização nem retenção hídrica significativa, porém em alta dosagem pode ser tóxico ao fígado principalmente o oral. O Winstrol é bastante controvertido no mundo do culturismo. Enquanto algumas pessoas experimentam ganhos de força e volume, outras afirmam que comprar Winstrol é perda de tempo e dinheiro. Talvez só algumas pessoas tenham os receptores específicos para este componente químico. De qualquer forma, o Winstrol só se verifica a utilização em fase de definição quando se busca densidade sem correr o risco de acumular líquido subcutâneo. É administrado com o Parabolan ou o Primobolan. Algumas mulheres utilizam esta droga em dosagens baixas e mesmo assim parece ocasionar pequena virilização em algumas.

Apresentação: Caixa com trinta comprimidos cor de rosa de 2mg cada e caixa com três ampolas de 50mg/ml cada. É produzido na Europa pelo laboratório ZAMBON.

6. OUTRAS DROGAS (NÃO ESTERÓIDES ANABÓLICOS) MAIS UTILIZADAS NO MUNDO DO CULTURISMO

Nolvadex (citrato de tamoxifeno).

Mencionado no item quatro deste capítulo, esta droga tem como função principal o combate dos tumores de mama em homens e mulheres. Por ter ação bloqueadora de estrógenos, é usada por culturistas para evitar problemas como ginecomastia, retenção hídrica e formação de tecido gorduroso específico feminino. Estes efeitos ocorrem quando os níveis de estrógenos em indivíduos do sexo masculino é muito baixo e passa a predominar os andrógenos. O Nolvadex age através do bloqueio dos citos receptores de estrógenos. **É importante salientar que tem-se observado em pessoas que utilizam esta droga por prolongado período de tempo o desenvolvimento de câncer uterino e de fígado.** O Nolvadex normalmente começa a ser utilizado de 2 a 4 semanas antes de se iniciar um ciclo de esteróides para criar uma base de bloqueio dos receptores de estrógenos e só se pára após 2-4 semanas da interrupção do ciclo de esteróides. A dosagem depende da intensidade dos efeitos colaterais que o atleta manifesta. Mulheres seguem as mesmas recomendações.

Apresentação: Comprimidos de 10mg ou 20mg produzidos no Brasil pela ICI. Este é um dos medicamentos mais caros que se pode encontrar em uma farmácia.

Serofene (citrato de clomifeno)

Este é um medicamento não esteróide, indicado originalmente na indução da ovulação nas mulheres que desejam engravidar. Porém, quando notou-se que o uso prolongado do citrato de clomifeno podia causar cistite ovariana, o medicamento passou a ser administrado apenas por curto período de tempo (5 dias).

Como o medicamento possui a capacidade de bloquear os estrógenos nos receptores e imitar o LH (Luteinizing Hormone) através do aumento da produção de estrógeno, desta forma passou a ser utilizado por homens que desejam beneficiar-se destes efeitos, diminuindo assim os efeitos colaterais dos esteróides mais androgênitos, tais como a ginecomastia e aumentando a produção de testosterona. Já que não existe nada parecido com cistite no testículo, o medicamento parece ser bem tolerado se utilizado por um longo período de tempo.

Apresentação: Serofene: Caixa contendo 1 ou 3 blister com 10 comprimidos de 50mg cada. Produzido pelo laboratório SERONO.

Clomid: Caixa contendo 10 comprimidos de 50mg. Produzido pela MEDLEY.

Pregnyl ou Profase HCG (gonadotrofina coriônica humana).

Esta é uma droga que promove a fertilidade (ovulação) em mulheres com dificuldade para engravidar. O HCG é uma droga elaborada a partir da purificação da urina de mulheres grávidas que naturalmente é rica neste hormônio. A função desta droga no homem usuário de esteróides anabólicos é a de estimular a produção natural de testosterona após um ciclo de uso de esteróides prolongado ou no meio deste através do envio de um falso sinal ao testículo prevenindo assim o fechamento da produção natural de testosterona e a atrofia dos testículos. Já que este não é um hormônio masculino, ele acaba por imitar o LH (Luteinizing Hormone) que é um estimulador da produção de testosterona presente no organismo. Mesmo sem a administração do HCG, a produção de testosterona voltaria ao normal de qualquer forma após cessar o ciclo de esteróides, porém este sinal enviado em função da presença de HCG no organismo apressa este processo.

No meio ou durante o ciclo de esteróide, esta droga também é utilizada para adicionar testosterona natural aos esteróides administrados artificialmente, aumentando assim os ganhos de força e volume muscular. A maciça elevação dos níveis de andrógenos promovida por esta combinação pode ocasionar a salientação dos efeitos colaterais, de forma que o uso de Nolvadex e/ou Proviron são usados como medida para aliviar tais sintomas.

Existe relato de que o uso de HCG pode elevar em até 500% a produção normal de testosterona em alguns homens. Como ponto negativo existe uma teoria que relaciona o uso contínuo e prolongado de HCG com o fechamento definitivo do mecanismo natural de produção de testosterona no homem, de forma que para ficar do lado seguro da ponte é conveniente utilizar esta droga em períodos não superiores a 2-3 semanas. Mulheres não devem fazer uso desta droga a não ser que queiram engravidar.

Apresentação: Ampolas/Frascos -ampolas: 1.000, 2.000, 5.000, 10.000 UI. Em caixa com 1 ampola/frasco -ampola de PROFASE HP acompanhada de ampola de solvente de 1ml. É produzido pela SERONO no Brasil

Caixa com 3 ampolas contendo 1.500 UI do HCG liofilizado (PREGNYL), cada uma e 3 ampolas de diluente ou caixa com 2 ampolas de 5.000 UI de HCG liofilizado, cada uma e 2 ampolas de diluentes. É produzido pela AKZO NOBEL Ltda. - Divisão Organon.

Clembuterol

(ver no capítulo 3 - Nutrição todas as especificações)

Cynomel (L-triiodotironina sódica)

O Cynomel é uma produção sintética do hormônio da tiróide T3. Ele é utilizado para acelerar o metabolismo e principalmente aumentar a lipólise (queima de gordura) em fase de definição. Atletas testemunham ser possível ficar mais denso, mesmo ingerindo mais calorias, e ao mesmo tempo manter mais massa magra quando se administra o T3. Como efeito colateral mais sério, o Cynomel pode ocasionar o fechamento da produção natural de T3 definitivamente, se utilizado por longo período de tempo, ocasionando assim uma doença denominada de hipotiroidismo. O Cynomel é normalmente utilizado em combinação com o Clembuterol, ocasionando um efeito sinergista com surpreendente queima de gordura. A interrupção da utilização do Cynomel deve ser gradual e ocorrer por um período de 2-3 semanas para que lentamente possa se restabelecer a produção natural deste hormônio. Interrupções bruscas podem ser perigosas e causa de baixa vertiginosa no metabolismo basal provocando com isso rápido acúmulo de gordura.

Apresentação: CYNOMEL 25mcg e 50mcg. Caixa contendo 40 comprimidos. É produzido pelo laboratório ENILA.

GH (hormônio do crescimento).

Este é um dos medicamentos mais comentados nos círculos de culturistas, porém ao alcance de poucos, devido à dificuldade de obtenção, pelo preço (é a droga mais cara que um culturista pode comprar) pelas condições especiais de armazenagem de alguns deles. Mais especificamente o r-hGH (somatrofina) é um produto obtido por engenharia genética, sendo idêntico ao hormônio produzido originalmente pela hipófise humana. Inicialmente este hormônio era retirado diretamente de cadáveres humanos, mas problemas sérios de contaminação ocorreram. Ao GH retirado de cadáveres (Hormônio do Crescimento Humano) foi relacionado o desenvolvimento de uma doença cerebral rara e fatal, a doença de Creutzfeld-Jakob. Isso estimulou a criação de um hormônio sintético, sendo que o Hormônio do Crescimento Humano não se encontra mais no mercado.

O Hormônio do Crescimento é um hormônio polipeptídico composto de 191 aminoácidos. O GH é liberado pela hipófise, quando ocorrem estímulos fisiológicos específicos como o treinamento, durante o sono profundo e baixo nível de açúcar no sangue (hipoglicemia). O GH induz o desenvolvimento ósseo e da massa magra por ocasionar anabolismo protéico e retenção de hidrogênio, além de estimular a lipólise (queima de gordura corporal), mas isso não ocorre diretamente, porque o GH é neutralizado no fígado em menos de uma hora após injetado. De fato o GH estimula o fígado a eliminar uma substância química denominada **somatomedina,** sendo que a mais poderosa é a somatomedina-C também denominada

insulin-like growth factor-1 (IGF-1) e esta é a substância que viaja pelo corpo causando, por várias horas, os efeitos anteriormente mencionados.

Terapeuticamente este medicamento é utilizado em crianças com atraso no crescimento ósseo, mas é utilizado também por culturistas e outros atletas de várias modalidades e em tratamento geriátrico. Em geriatria, a aplicação deste hormônio comprovadamente vem promovendo aumento de massa muscular, aumentando a densidade óssea e reduzindo gordura corporal significativamente.

Em forma liofilizada ou dissolvida, este medicamento deve ser mantido constantemente a uma temperatura entre 2-8 graus centígrados, e, a partir do momento em que for dissolvido, deve ser consumido em 7 dias no máximo, sob o risco de perder o seu valor biológico. Só isto creio que já seja razão suficiente para questionar as condições de transporte e armazenamento desta droga antes de gastar uma fortuna com ela. Mas se decidir arriscar, cremos que o melhor é ir até o laboratório e adquirir o medicamento lá.

O uso demasiado do GH pode ocasionar deformidade em cartilagens moles dos dedos, da mandíbula e de algumas junções ósseas do crânio. Observe o sorriso de alguns culturistas profissionais; parece haver um dedo de distância entre os dentes frontais. Eu conheço culturista que apesar de ser maior de idade, todo ano tem que comprar sapatos e tênis novos, porque o pé não para de crescer.

Como este hormônio pode em doses elevadas, ocasionar resistência à insulina, normalmente é acompanhado com aplicação de insulina rápida. Acredita-se também que o GH é mais efetivo, quando administrado com esteróides anabólicos altamente androgênicos como Hemogenin, Halotestin, Deposteron e outros. Nós particularmente contestamos esta teoria, basta observar a elevada taxa de crescimento de um jovem pré-púbere, que se dá pela ação exclusiva do GH, já que o jovem não produz testosterona, ou seja, o GH funciona mesmo na ausência de esteróides androgênicos. Será diferente num indivíduo adulto? Talvez o que haja seja apenas uma somatório de atividades anabólicas.

Levando-se em consideração o preço, este é um ergogênico de uso impraticável para a maioria, pelo menos para utilização por longo período de tempo. Esta limitação financeira faz com que culturistas intermediários utilizem esta droga apenas nas semanas que antecedem o campeonato ou utilizem substâncias que auxiliem a liberação natural do GH, como é o caso dos aminoácidos Ornitina e Arginina. Ocorre que nenhum destes aminoácidos parece ser efetivo para todos e a dose que pode causar algum efeito positivo é muito elevada, o que com certeza irá causar distúrbios estomacais para a maioria. O Instituto Colgan sugere 200mg de arginina hidrocloreto e/ou 100mg de ornitina alpha-ketoglutarato por quilograma de peso corporal por dia, tomado de estômago vazio e com pelo menos três horas de distância de qualquer refeição que contenha proteína ou aminoácidos. Normalmente atletas são aconselhados a acordar no meio da noite para tomar estes aminoácidos, sendo que também podem ser administrados separadamente ou em conjunto. Se tomados em conjunto, recomenda-se dose de duas partes de arginina e uma de ornitina.

Apresentação: Ampola com solvente estéril e ampola com sais liofilizados contendo 4UI cada. É produzido com o nome de Saizen pela SERONO no Brasil. O laboratório LILLY também produz o GH com o nome de Humatrope em diversos países da Europa. A GENENTECH produz o Protropin nos Estados Unidos. No Japão é produzido pela NIKKEN o Corpormon. Existem ainda outros produtos vindos do leste europeu sob diversos nomes.

Melatonina.

Este é um hormônio que se origina na glândula pineal. A melatonina, quando liberada, causa sonolência e sensação de relaxamento. Somente a partir de 1994 é que passou a haver interesse maior por esta substância pela sua divulgação entre pessoas que realizam viagens internacionais, isso com a finalidade de ajustar o horário biológico com o do país visitado. A melatonina é normalmente secretada, causando sonolência e relaxamento, quando se faz uma refeição muito rica em carboidratos, quando se toma um banho quente prolongado ou quando há exposição ao sol. Além de induzir o sono, pesquisas demonstram que a melatonina é um poderoso antioxidante que retarda o processo de envelhecimento. Pesquisas sugerem ainda que a melatonina possivelmente reduz o nível do hormônio catabólico cortisol. Existem também evidências de que a melatonina estimula a produção de GH. Só por ser um poderoso anti-oxidante já justificaria o consumo de melatonina. Outra vantagem é que a melatonina não causa dependência nem precisa ser ciclada. Por causar sonolência não deve ser administrada durante o dia, principalmente se o indivíduo tiver de dirigir ou realizar qualquer outra atividade que requeira atenção.

Apresentação: cápsula com 3mg de melatonina. É produzido por vários laboratórios nos EUA.

7. COMO SÃO MONTADAS AS SÉRIES DE ESTERÓIDES

É importante salientar que as informações neste item também não são baseadas em estudos científicos, mas por observações coletadas pelo método de tentativa e erro por parte de culturistas ao redor do mundo, podendo servir como bases para futuras pesquisas. Novamente, não se trata de receitas médicas e a prática destas séries de esteróides, sem prévia consulta e autorização médica, pode acarretar risco à saúde.

Antes de irmos em frente é conveniente esclarecer alguns termos correntes na linguagem de quem utiliza esteróides.

Ciclo ou série de esteróides. Trata-se do período de tempo e da dosagem desses esteróides.

Combinação ou acumulação. Trata-se do uso de dois ou mais esteróides ao mesmo tempo para obter um efeito sinergista. Mas nem sempre esta acumulação se refere apenas ao uso de esteróides. Como exemplo, combinam-se efedrina/cafeína/aspirina, GH e insulina ou Hemogenin e Novaldex.

Estabilização é o que ocorre quando um esteróide não produz mais o efeito desejado. Atribuindo-se essa ocorrência ao fechamento do cito receptor para o determinado esteróide

Ajustamento é quando o atleta deixa de usar uma droga e passa a utilizar outra, evitando assim a estabilização. Pelo menos é isto que se calcula, muito embora não se saiba se este mecanismo funciona ou não.

Musculação - Anabolismo Total

Diminuição é a interrupção gradual do uso de drogas para que o organismo não sofra um choque fisiológico abrupto e sim reinicie a produção natural da substância administrada artificialmente de forma gradual.

Na montagem de uma série de esteróides alguns fatores são levados em consideração:

Quantidade de esteróides: É sabido que os resultados obtidos por uso de esteróides estão relacionados com a dosagem utilizada. Muito pouco esteróide em nada irá contribuir em termos de ganhos desejados, porém muito esteróide pode acarretar riscos iminentes à saúde.

Período de utilização de uma mesma droga: como foi mencionado anteriormente neste capítulo, parece haver estabilização de uma droga quando esta é utilizada por longo período de tempo. Normalmente não se utiliza a mesma droga por mais de 4 a 6 semanas. Após isso parece que a droga não promove mais o efeito desejado.

Drogas que se podem obter: A montagem de uma série de esteróides depende das drogas que se têm à disposição e de como elas combinam.

Intervalo entre as séries: O intervalo entre as séries é importante para que o corpo tenha a oportunidade de se recuperar de qualquer efeito colateral, restabelecendo a produção natural de testosterona e outras funções para que se possam minimizar os riscos. O tempo de duração de um ciclo de esteróides é muito individual, mas como regra geral, para cada período de utilização de esteróides utiliza-se um período e meio fora da série. Por exemplo, se um atleta utiliza esteróides pelo período de 8 semanas deve fazer seguir um intervalo de 8 a 12 semanas.

7.1. Série com a utilização de uma só droga

Exemplo 1:

Semana Nº	Deca-Durabolin
1	200mg
2	200mg
3	200mg
4	200mg
5	100mg
6	100mg
7	50mg
8	50mg
9	25mg

Exemplo 2:

Semana Nº	Durateston
1	500mg
2	500mg
3	250mg
4	250mg
5	125mg
6	125mg
7	62.5mg
8	62.5mg

Este é um tipo de série comum entre aqueles que estão iniciando a utilização de esteróides que é normalmente bastante efetiva para ganhos de volume e força muscular; porém no caso da utilização da Deca-Durabolin, uma dosagem semanal inferior a 150-200mg parece ser ineficaz para a maioria dos indivíduos do sexo masculino, enquanto mulheres obtêm efeitos satisfatórios com dosagem de 50-100mg/semana. Já a série de Durateston não é recomendada para mulheres por ter alto efeito virilizante. Observe que a dosagem deve ser reduzida gradualmente nas últimas semanas, para que o organis-

MUSCULAÇÃO - ANABOLISMO TOTAL

mo se readapte gradualmente. Observe-se também o intervalo de 8 a 12 semanas antes de se reiniciar uma nova série. O acompanhamento com Nolvadex talvez seja necessário por aqueles que utilizam o Durateston, caso haja o desenvolvimento de Ginecomastia ou muita retenção hídrica.

7.2. Série com a utilização de duas ou mais drogas

Exemplo 1

Semana No	Deca-Durabolin	Durateston
1	200mg	
2	200mg	
3	200mg	
4	200mg	
5	100mg	
6	50mg	500mg
7		500mg
8		250mg
9		250mg
10		125mg
11		125mg
12		62.5mg

Exemplo 2

Semana Nº	Deca-Durabolin	Cipionato (Deposteron)	Durateston
1	200mg		
2	200mg		
4	100mg		
5	50mg	200mg	
6		200mg	
7		100mg	
8		50mg	250mg
9			250mg
10			125mg
11			125mg
12			62.5mg

Exemplo 3

Semana Nº	Deca-Durabolin	Anabol	Durateston
1	200mg		
2	200mg		
3	200mg		
4	100mg		
5	50mg	30mg	
6		30mg	
7		30mg	
8		20mg	
9		10mg	250mg
10			250mg
11			250mg
12			125mg
13			125mg
14			62.5mg

Neste caso não se administra duas drogas ao mesmo tempo, a não ser na semana de transição, quando se realiza a diminuição da última droga administrada. Este tipo de série tem como objetivo principal evitar a estabilização de uma droga e ao mesmo tempo permitir que se fique mais tempo em uma série de esteróides, certificando-se de que efeitos anabólicos serão mantidos. Nos exemplos temos durações variáveis de administração de uma mesma droga, de 4 a 7 semanas antes que se passe a administrar outra droga, sendo que, ao final, sempre se realiza uma diminuição bastante progressiva para evitar maiores riscos de efeitos colaterais.

7.3. Série com a combinação de duas drogas

Exemplo 1

Semana Nº	Deca-Durabolin	Durateston
1	200mg	500mg
2	200mg	500mg
3	200mg	250mg
4	200mg	250mg
5	100mg	125mg
6	100mg	125mg
7	50mg	62.5mg
8	25mg	62.5mg

Exemplo 2

Semana Nº	Deca-Durabolin	Anabol
1	200mg	30mg
2	200mg	30mg
3	200mg	30mg
4	200mg	30mg
5	100mg	20mg
6	100mg	20mg
7	50mg	10mg
8	25mg	10mg

Exemplo 3

Semana Nº	Deca-Durabolin	Hemogenin
1	200mg	75mg
2	200mg	50mg
3	100mg	50mg
4	100mg	25mg
5	50mg	———
6	25mg	———

Este tipo de série tem como objetivo administrar duas ou mais drogas ao mesmo tempo, a fim de se beneficiar de diferentes citos receptores ao mesmo tempo, o que não seria possível com a utilização de uma só droga. Considera-se também que, ao combinar drogas, doses menores de cada uma podem ser utilizadas. Por outro lado, acredita-se que a permanência muito prolongada em uma série como esta pode ocasionar o fechamento dos citos receptores. Aliás, a combinação de Deca-Durabolin e Anabol (antigo Dianabol) do exemplo 2 ocasiona ganhos bastante significativos e não parece ser muito tóxico ao fígado na dosagem exemplificada enquanto que a utilização da combinação de Deca-Durabolin e Hemogenin, apesar de ocasionar ótimos ganhos, deve ser evitada ou reduzida a poucas semanas para evitar a alta toxidade do Hemogenin.

7.4. Série piramidal

Exemplo 1

Semana Nº	Durateston
1	125mg
2	250mg
3	375mg
4	500mg
5	500mg
6	375mg
7	250mg
8	125mg
9	62.5mg

Exemplo 2

Semana Nº	Durateston	Deca-Durabolin
1	125mg	50mg
2	250mg	100mg
3	375mg	150mg
4	500mg	200mg
5	500mg	200mg
6	375mg	150mg
7	250mg	100mg
8	125mg	50mg
9	62.5mg	25mg

A série piramidal pode ser realizada com um ou mais esteróides, sendo que a pretensão por detrás desta tática é elevar gradualmente o nível de esteróide, alcançando um máximo de concentração no meio da série. Acredita-se que, assim, a estabilização da droga é evitada através de um bombardeamento progressivo dos citos receptores. O platô é mantido por duas semanas. A partir daí se reduz a dosagem progressivamente para restabelecer a produção natural de hormônios.

7.5. Série conjugada

Exemplo 1

Semana Nº	Deca-Durabolin	Deposteron	Hemogenin	Durateston
1	100mg	200mg		
2	100mg	200mg		
3	100mg	100mg		
4	100mg	100mg	75mg/dia	
5	100mg		50mg/dia	
6	100mg		50mg/dia	
7	100mg		25mg/dia	250mg
8	100mg			250mg
9	50mg			125mg
10	25mg			62.5mg

Este tipo de série tem como objetivo manter uma base anabólica e alternar outros esteróides. A Deca-Durabolin normalmente é utilizada como base por se acreditar reter líquido dentro das articulações, propiciando assim mais segurança para realizar treinamento pesado durante todo ciclo. Enquanto isso os outros esteróides, normalmente mais androgênicos, são alternados para evitar estabilização, e nas últimas semanas a droga base também é diminuída progressivamente.

Exemplo 2

Semana Nº	Hemogenin	Durateston	Winstrol	Primobolan	Anabol	Equipoise
1	——	250mg				
2	50mg/dia	250mg				
3	100mg/dia	500mg				
4	100mg/dia	500mg				
5	50mg/dia	250mg				
6	——	250mg				
7			50mg	100mg		
8			100mg	100mg		
9			150mg	200mg		
10			150mg	200mg		

continuação...

Semana Nº	Hemogenin	Durateston	Winstrol	Primobolan	Anabol	Equipoise
11			100mg	100mg		
12			50mg	100mg		
13					20mg/dia	100mg
14					30mg/dia	150mg
15					40mg/dia	200mg
16					40mg/dia	200mg
17					30mg/dia	150mg
18					20mg/dia	100mg
19					10mg/dia	50mg

Esta também é uma proposta interessante de série conjugada. Neste caso, planeja-se a realização de uma série prolongada (19 semanas), porém para evitar o fechamento de citos receptores específicos, bem como a intensificação de efeitos colaterais e tentar manter parte do volume muscular conseguido com os esteróides mais androgênicos, no meio do ciclo realiza-se a combinação de dois esteróides menos androgênicos (Winstrol e Primobolan). Em seguida, retorna-se à utilização de drogas mais androgênicas. O acompanhamento com Nolvadex ou Nolvadex e Proviron ainda assim, provavelmente, seja necessário devido ao grau de androgenidade do Hemogenin e do Anabol, bem como da extensão da série.

7.6 Série específica feminina

Exemplo 1

Semana Nº	Deca-Durabolin	Anabol	Primobolan	Winstrol
1	50mg			
2	100mg			
3	50mg	10mg/dia		
4		10mg/dia		
5		10mg/dia	50mg	
6			100mg	
7			50mg	50mg
8				50mg
9				25mg
10				25mg

Exemplo 2

Semana Nº	Deca-Durabolin	Propionato	Primobolan	Winstrol
1	50mg	25mg/cada 2 dias		
2	50mg	"		
3	100mg	"		
4	100mg	"		
5	50mg	"		
6	50mg	"		
7			50mg	50mg
8			50mg	50mg
9			100mg	100mg
10			100mg	100mg
11			50mg	50mg
12			50mg	50mg

Verifique que a preocupação é evitar qualquer esteróide mais androgênico, ou, se utilizado, como é o caso do Anabol do exemplo 1, a dosagem deve ser bem inferior à tolerada por homens e por curto período de tempo. Para mulheres, apesar da dosagem e da baixa androgenidade dos esteróides escolhidos, o acompanhamento com Nolvadex ou Nolvadex e Proviron também deve ser considerado.

7.7 Série pré-competição

Esta é a época em que o culturista mais faz administração de esteróides durante o ano. É lógico que são esteróides específicos (pouco androgênicos), mas a administração é mais freqüente e acompanhada de outros farmacológicos. A intenção é manter o máximo da massa muscular e obter densidade (definição) ao mesmo tempo. A perda ponderal é inevitável, mas o visual denso nesta fase é o que mais importa. Culturistas procurarão fazer uso de todos os meios disponíveis, lançando mão do que estiver ao alcance, de GH ao incrível Esiclene. Não vamos discutir a questão moral deste aspecto, mas relacionaremos aquilo que normalmente se utiliza.

- Equipoise	100mg por semana até o dia D - 14;
- Primobolan Depot	250ml a cada 5 dias ou;
- Parabolan	152ml a cada 5 dias até o dia D - 10;
- Winstrol	12 a 15 comprimidos de 2mg ao dia até o dia D ou;
- Winstrol Depot	50mg a cada 3 dias até dia D - 3;
- Halotestin	3 comprimidos por dia nas três últimas semanas;
- Clembuterol	desde as doze últimas semanas que antecedem a competição ou;
- Combinação de Efedrina-cafeína-aspirina	3 a 6 comprimidos diários;
- Cynomel	50 mg/dia nas 4-6 últimas semanas;
- GH	8 - 16 UI em dias alternados ou todos os dias;
- Insulina	15 - 40 UI por dia em tomadas divididas alternando Insulina lenta e rápida;
- Esiclene	Aplicações locais nos músculos mais fracos no dia D-3, alguns atletas aplicam o Esiclene no dia da competição.

Como vimos, o culturista irá lançar mão do que estiver ao alcance das mãos e do bolso. Conhecemos pouca gente que poderia fazer um tratamento com 16 UI de GH por dia, por exemplo. Com certeza, aí está a diferença do físico de um culturista intermediário ou de um culturista natural e o físico de um profissional. Ocorre que os profissionais têm acesso e dinheiro para tudo isso e muito mais.

Verifique que não só as drogas, mas o treinamento e a alimentação também são essenciais.

Se você não tiver acesso a todo este material, não se entristeça, pois poderá ainda assim fazer um ótimo trabalho e conquistar um físico exemplar, mesmo sem drogas. Talvez nunca será um mister Olympia, mas em compensação estará preservando o futuro da sua saúde.

Relembrando:

• Nolvadex é utilizado em conjunto com esteróides mais androgênicos, tais como o Hemogenin, Durateston, Anabol e Cipionato visto que a dosagem depende da intensidade dos efeitos colaterais. O HCG pode ser administrado em qualquer momento durante e após o ciclo de esteróides, mas não por período mais prolongado do que 3-4 semanas para evitar o fechamento da produção natural de testosterona.

• Durante a época de pré-competição, esteróides que promovem pouca retenção hídrica, tais como Anavar, Deca-Durabolin, Halotestin, Winstrol, Parabolan e Primobolan são os preferidos.

• Para mulheres em fase de pré-competição ou fora de temporada, esteróides de baixo nível androgênico, tais como Deca - Durabolin, Primobolan, Winstrol e Anavar são as opções. Note que estes são os mesmos esteróides para homens em fase de pré-competição.

Estas são algumas formas com que os esteróides são ciclados. Muito embora, nestas dosagens, já exista risco pronunciado de efeitos colaterais, sem dúvida existem atletas que utilizam dosagens e combinações muito superiores às citadas. Com certeza, essas pessoas não têm a mínima preocupação com a saúde ou com o seu futuro. Essas pessoas tendem a pensar que, se uma injeção é bom, talvez duas, três ou mais seja ainda melhor, e, se combinar dois esteróides é bom, talvez combinar três, quatro ou mais é ainda mais efetivo.

Ocorre que esteróides em excesso, além de serem mais perigosos, como se dá com a maioria dos medicamentos, ainda não provocam ganhos diametralmente proporcionais, ou seja, se 200mg de Deca por semana promovem um ganho de 0.5kg de massa muscular em alguém, depois de 6 semanas de uso, isto não significa que, se utilizarem 2000mg de Deca por semana, o ganho será de 5.0kg, após 6 semanas.

Os atletas que fazem uso de esteróides indiscriminadamente, sem supervisão médica periódica e sem ciclar, estão muito propensos a desenvolver problemas de saúde a médio ou longo prazo. Cuidado ao decidir!

8. PARANDO DE UTILIZAR ESTERÓIDES

Sem dúvida, em uma determinada época, o usuário de esteróides irá parar a administração, muitas vezes só para dar um intervalo entre dois ciclos a fim de restabelecer as funções normais do organismo e para dar um conveniente descanso após as competições principais ou porque decidiu não utilizar mais essas drogas ou ainda por motivo financeiro porque os esteróides podem ser muito caros.

Existem muitos mitos em torno de atletas que param de utilizar esteróides. É muito comum ouvir-se que, quando alguém pára de "tomar" esteróides "encolhe rapidinho" e fica até menor do que era antes. Bem, considerando que os esteróides retêm líqüido e que aproximadamente 80% do volume muscular é constituído de água, é obvio que progressivamente uma parte desta massa muscular será perdida, bem como boa parte da força e da capacidade dos ligamentos em suportar esforço. Além disso, poderá ocorrer um desequilíbrio na concentração de testosterona e cortizol no organismo. Baixando o nível de testosterona, o de cortizol aumenta, e, como este é um hormônio catabólico, parte da massa muscular conquistada com sacrifício poderá ser "canibalizada" pelo cortizol, o qual também baixa as defesas imunológicas contra doenças, como gripes e resfriados, de forma que é muito comum ver culturistas desavisados com resfriado num intervalo entre séries de esteróides.

É importante salientar que esta perda também depende do tipo e da quantidade de esteróides que se vinha utilizando, mas, mesmo que esta perda seja significativa, sempre sobrará um ganho residual. Ou seja, mudanças como o aumento do número de proteínas contráteis, ou mesmo um possível aumento do número de fibras musculares promovidos pela tríade treinamento, nutrição e uso de ergogênicos (esteróides) permanecerão para sempre, de forma que se observa que tão logo a tríade seja reativada apropriadamente, o volume anterior retornará rápida e normalmente em níveis superiores ao anterior. É como quem aprende a tocar piano ou andar de bicicleta e de repente pára de tocar ou pedalar por algum tempo e retome após isto. O processo para reaprender a tocar piano ou andar de bicicleta é rápido.

Existem algumas regras a serem seguidas ao retornar à utilização de esteróides:

8.1. Parando com o uso de esteróides em época adequada

Muitos culturistas resolvem parar com os esteróides logo após as competições principais, quando resolvem dar uma folga à alimentação e ao treinamento rigoroso. Ocorre que juntando todos estes fatores, o decréscimo na qualidade física será vertiginoso, e se o preparo do atleta em aceitar esta mudança drástica no físico não for bom, poderão ocorrer sérios problemas psicológicos de auto-aceitação, principalmente, quando começar a ouvir alguém dizer: "como você diminuiu!". Desta forma, é mais conveniente parar com o uso de esteróides, quando fatores como treino, alimentação e complementos alimentares estiverem sob controle.

8.2. Diminuição progressivamente dos esteróides sempre no final do ciclo

Como foi mencionado anteriormente, a diminuição progressiva da administração de esteróides propicia ao organismo oportunidade de também progressivamente retornar à produção natural de testosterona, evitando assim um choque hormonal pela presença de muito pouca testosterona no organismo, o que em outros termos pode provocar efeitos colaterais salientados pelo desequilíbrio entre andrógeno/estrógeno e testosterona/cortizol. O primeiro pode ocasionar ginecomastia, formação de gordura sexual feminina, retenção hídrica e elevação da pressão arterial. O segundo pode causar baixa no sistema imunológico e perda de massa magra acentuada. Como regra geral, é diminuído progressivamente o uso de esteróides por um período de 3-6 semanas de forma gradual. É lógico que isso dependerá da quantidade de esteróide utilizado e da predisposição de cada um em desenvolver os efeitos colaterais. Quanto mais esteróides forem utilizados e quanto maior for a intensidade de efeitos colaterais, mais lenta é a diminuição.

8.3. O uso da diminuição de esteróides orais primeiro

Os orais como Hemogenin, Anabol e Halotestin são normalmente os mais tóxicos e androgênicos, de modo que estes são diminuídos em primeiro lugar e os outros a seguir. Dessa forma, a falta de tais esteróides pode ser substituída por outros esteróides menos tóxicos e androgênicos que ainda estejam sendo administrados, evitando-se, assim, um choque muito grande por falta de esteróides no organismo.

8.4. O uso da diminuição de esteróides injetáveis de base oleosa por último

Por serem eliminados do organismo de forma gradual, os oleosos como Deca-Durabolin, Durateston e Deposteron são os últimos a serem diminuídos. Em outras palavras, são eliminados primeiro os orais mais tóxicos, em seguida os injetáveis suspensão, os orais menos tóxicos, tais como Winstrol e Anavar e em seguida os injetáveis de base oleosa.

8.5. O uso de citrato de tamoxifeno durante e após a diminuição

Caso os esteróides utilizados na série sejam muito androgênicos e se tenha utilizado o citrato de tamoxifeno (Nolvadex) para evitar os efeitos colaterais, é administrado este medicamento durante todo o período de diminuição para evitar o agravamento dos efeitos colaterais e manter um certo equilíbrio entre testosterona e estrógeno.

8.6. O uso de HCG (gonadotrofina coriônica humana)

Como vimos anteriormente o HCG pode ser administrado em qualquer fase da série e principalmente no final para que possa apressar o processo de restauração da produção natural de testosterona.

8.7 Continue a treinar, porém com cuidado

Para manter o máximo dos ganhos é importante manter o regime de treinamento. Afinal, o exercício é o melhor agente anabólico que existe; porém, sem a presença de esteróides no organismo, é normal que o indivíduo perca parte do potencial de força, e, se quiser continuar a treinar com a mesma intensidade com que vinha treinando quando sob o efeito dos esteróides, poderá colocar em risco a integridade das articulações e demais tecidos moles, porque os esteróides, como vimos, aumenta a força e promove proteção extra para as articulações por acumulação hídrica nestas. Seguindo essa tática é conveniente que se evitem, pelo período de algumas semanas, após ter cessado o uso de esteróides, exercícios que necessitem grande amplitude articular, tais como agachamento a fundo, paralelas, desenvolvimento atrás do pescoço e crucifixo.

8.8. Mantenha um ótimo programa de alimentação

Para evitar mais perdas continue a se alimentar com sabedoria, ingerindo todos os grupos alimentares. Neste momento, complementos alimentares como creatina monoidrato, sulfato vanádio e o HMB, mencionados no capítulo sobre nutrição, podem ser de grande valia; porém, jamais substitua a alimentação natural por suplementos como Gainners e pós protéicos. Estes são apenas complementos, como o próprio nome já diz.

No mais, mantenha uma atitude mental positiva e faça o melhor que puder, levando em conta o seu orçamento e o seu senso crítico.

CONCLUSÃO

Vamos concluir esta leitura relacionando alguns pontos cruciais para nós culturistas:

PECADOS CAPITAIS
DO CULTURISMO

Antes de culpar a mãe por não estar cozinhando apropriadamente o seu peito de frango ou o dono da academia, onde você treina, pelo seu insucesso, é bom analisar primeiro os erros mais comuns cometidos por culturistas.

Quem estudou o livro atenciosamente não encontrará nada de novo no que comentaremos a seguir, servindo então o que segue apenas como recordação. Mas, se você se surpreender com algo neste item, é bom ler tudo de novo e se fundamentar melhor.

PECADO 1

ALIMENTAR-SE INADEQUADAMENTE

O alimento é a base do sucesso para aqueles que querem ganhar volume, definição, força ou qualquer outra qualidade física. Não só proteína é importante como tendem a pensar alguns culturistas, mas principalmente uma alimentação equilibrada com inclusão de todos os grupos alimentares e a mais natural possível. Não são, também, complementos caros que baseiam o físico de um campeão. Eles apenas auxiliam e, às vezes, tornam a vida mais cômoda para aqueles menos afeitos à cozinha. Não há quase nada que um complemento alimentar possa fazer que o alimento natural não faça.

Não se esqueça que todas as refeições são importantes, porém, a mais anabólica é a refeição pós-treino (15min - 60min após) quando o organismo tem uma capacidade excepcional de absorver os nutrientes.

PECADO 2

FALHAR QUANTO À SUPLEMENTAÇÃO MÍNIMA

Por mais equilibrada que seja a sua alimentação diária, existem alguns complementos que muito dificilmente são absorvidos através da alimentação natural nas quantidades necessárias para nós culturistas. Estes são substâncias muito importantes e devem estar presentes diariamente na nossa alimentação. São as vitaminas C (1000-3000 mg por dia) e B6 (0.02 mg por grama de proteína ingerida). Além disso recomendamos um complexo polivitamínico e mineral só para garantir a presença no organismo de todo o "espectro" necessário destas substâncias. Garanta, também, a ingestão de EFAs, mas, se você já estiver garantindo a inclusão semanal de peixe na sua dieta, o problema estará sanado. O "evening primrose oil" pode ser boa opção para aqueles que utilizam esteróides muito androgênicos.

PECADO 3

TREINAR INADEQUADAMENTE

O exercício físico é o agente mais anabólico que existe. Sabendo disso, muitas vezes intuitivamente, atletas menos experientes sofrem sintomas de excesso de treinamento. É o que vemos com freqüência. São aqueles atletas que querem levar o seu físico ao extremo e acabam por ultrapassar este limite, muitas vezes em anos luz. Como conseqüência, ao invés de aumentar o seu físico, estabilizam-no ou até acabam por diminuí-lo.

Existe também o atleta preguiçoso. Este aparece na academia uma vez por mês e ainda não sabe porque não está crescendo.

Cada atleta deve encontrar o volume e a intensidade que melhor funciona para si. Isto é algo muito individual, apesar de que existe uma fórmula que vem funcionando para a maioria de nós mortais. Não se esqueça de controlar o peso na fase negativa do movimento!

PECADO 4

UTILIZAR FARMACOLÓGICOS
SEM A DEVIDA ORIENTAÇÃO

A auto-medicação já é um problema enraizado na cultura Brasileira, o que, em si, demanda um sério processo de conscientização. Em se tratando do uso de drogas relacionadas com o culturismo, tais como os esteróides anabólicos, GH, insulina, diuréticos e outros, o problema pode alcançar dimensões alarmantes e causar sérios riscos à saúde.

Dosagens elevadas de esteróides anabólicos provavelmente causarão efeitos colaterais, o que a princípio, não matará ninguém a curto prazo (os efeitos a longo prazo ainda não são conhecidos), mas drogas como a insulina e diuréticos podem matar o usuário mais rápido do que um sprint do Ben Johnson.

Desta forma, se você presa o futuro de sua saúde, procure orientação médica antes de administrar qualquer medicamento. Este será encarregado de prescrever a dosagem, ajustar ou interromper a mesma.

Existe uma tendência das pessoas a pensar que todo o médico é bom e que sabem de tudo. Medicina é sim uma profissão muito abrangente, por isto existem tantas especialidades, tais como: ortopedia, anestesia, cardiologia, ginecologia. Os especialistas destas áreas, provavelmente não saberão quase nada a respeito do uso de drogas relacionadas com o culturismo, mas, se procurar um endocrinologista, você terá mais chances de ser bem orientado, apesar de que, olhando para o mundo da realidade, será bastante difícil encontrar um médico que esteja a fim de lidar com estas drogas para o tratamento de pessoas aparentemente saudáveis. Boa sorte!

PECADO 5

FALHAR QUANTO À MOTIVAÇÃO

Este é o único aspecto que não mencionamos anteriormente neste livro, mas sem ele você não irá a lugar algum. Este é um aspecto intrínseco que vem de dentro para fora e que não se pode comprar na farmácia.

Informação é poder, mas se você não tiver o entusiasmo para utilizá-lo, este poder em muito pouco irá ajudá-lo. É o mesmo que ter uma Lotus, apenas para dirigir dentro dos limites legais de velocidade no centro de São Paulo na hora do "rush".

Certas coisas nos são dadas de graça pela mãe natureza, como o seu potencial genético; outras ocorrem por sorte, como acertar na Sena, ou por coincidência, como o encontro de uma alma gêmea, mas **motivação só depende de você**. Focalize o seu objetivo, memorize a sua imagem corporal como ela é hoje e o físico que você deseja. Não importa que seja um físico atlético definido e bem proporcional ou a gigantesca imagem corporal de um Mister Olympia. **Só não seja modesto.** Focalize aquilo que você realmente deseja e mantenha esta imagem constantemente na memória e trabalhe arduamente em direção a ela. Acredite, se você fizer isto, meio caminho estará andado para a conquista de seu objetivo e você estará pronto a utilizar todo o seu potencial. É como dirigir a Lotus a todo gás em Interlagos.

Felicidades e sucesso para todos!!!

LITERATURA CONSULTADA

ANTONIO, JOSE. Hypertrophy vs Hyperplasia, Has de debate been settled?. **In: Muscle MEDIA 2000**, 1995, June, pp. 106-109.

BAGATEL, C. J. et al. Effects of Endogenous Testosterone and Estradiol on Sexual Behavior in Normal Young Men. **In: Journal of Clinical Endocrinology and Metabolism**. 78.3, 1994, pp. 711-716.

BOWER, R. W. & FOX, E. L. **Sports Phisiology**. WmC Brown Publishers, USA, 1992.

BRINK, WILLIAM. Fat, Not Nescessarily the Enemy. **In: Musclemag International**, 1995, september, pp. 61-64, 66-68.

BRINK WILLIAM. Dihydrotestosterone. Hair loss, Acne and Prostate Enlargement **Musclemag International**, 1995, n° 153, pp. 70, 72, 74 e 80.

BENNETT GROUP. **Chemical Warfare "The Anabolic Edge"**. England, Stockport, 1995.

COLGAN, MICHAL. **Optimun Sports Nutrition**. New York, Advanced Reserch Press, 1993.

CLARK, NANCY. **Sports Nutrition Guidebook**. Illinois, Leisure Press, 1990.

DAVIDSON, M. B. **Diabetes Mellitus, diagnosis and treatment**. 4 ed., London, Churchill Livingstone Inc., 1991.

DUNCHAINE, D. Dr Too Soon, 25 Years. **Muscle Media 2000**, 1996, May, pp. 131-135.

DUNCHAINE, D. Estrogen, Side Effects and Solution. **Muscle Media 2000**, February, 1997, pp. 138-141.

DUNCHAINE, D. **Underground Steroid Handbook II**. CA, HLR Technical Books Venice, 1989.

DUTTON, K. & RONALD, S. L. **The Matrix principle**. Austrália, Allen and Unwin Pty Ltd, 1991.

ELLIS, GREG. The Great Metabolic Myth. **Ultra-Fit Magazine**. 1995, v. 4, nº 6, pp. 56-57.

ERASMUS, U. **Fats that Heal/Fats that Kill**. Burnary, Canadá, Alive books, 1993.

FRANCO, GUILHERME. **Tabela de composição dos alimentos**. 9 ed. São Paulo, Atheneu, 1996.

GRIFFIN, J. E. & OJEDA S. R. **Texbook of Endocrine Physiology**. New York, Oxford University Press, 1992.

HATFIELD, F. C. Learning your ABC. **WBF Magazine**, 1992, May, pp. 43-47.

HATFIELD, F. C. Esteróides Anabólicos 2ª parte. **SPRINT, Revista Técnica de Educação Física e Desportos**. 1987, ano VI, v. 5 nº 1 jan./fev.

HEYWARD, VIVIAN H. **Advanced Fitness Assesment and Exercise Prescription**. Champaing, Illinois, Human Kinetics Books, 1991.

HORTOBAGYI, T. Adaptative Response to Muscle Lengthening and Shortening in Humans. **In: Journal of Applied Physiology**, 1996, pp. 80, 765-772.

KATCH, I. F. & MCARDLE, W. D. **Introdution to Nutrition, Exercise and Health**. 4 ed. Philadelphia/London. Lea & Febiger, 1993.

MILLER, J. B. The Glicemic Index of Food Containing Sugar: Comparision of Foods with Naturally Occuring. V. Added Sugar. **In: British Jornal of Nutrition**. 1995, n° 73, pp. 13-23.

MORROW, J. et al. **Mesurement and Evaluation in Human Performance**. Champaing, Illinois, Human Kinetics Books, 1995.

NULL, G. **Complite Guide to Health and Nutrition**. New York, Dell Publishind, 1992.

PASQUALE, M. **Anabolic Steroids Side Efects** – Facts, Fiction and Treatment. Warkworth, Ontário, Canadá, M. G. D. Press, 1990, pp. 32-35, 44-46, 62-63.

PASQUALE, M. The Anabolic Diet. An Answer to More Muscularity? **Muscle & Fitness.** January, p. 132-135, 1995.

SPRANGUE, KEN. **More Muscle.** Human Kinetic Books, United Kingdon, 1996.

TRUSWELL, A. S. Glicemic Index of Food. **European Journal of Clinical Nutrition,** n.73, p. 91-101, 1992.

WEIDER, JOE. **Joe Weider Bodybuilding System.** Weider Health and Fitness, California, 1988.

WORMLEY, C. & CLARK E. **The 1995/96 U.K. Steroid Guide.** Edwards Publishing England, 1995.

YESALIS, C.E. **Anabolic Steroids in Sports and Exercise.** Human Kinetic Books, Champaign Illinois, 1993.

APÊNDICE

ÍNDICE GLICÊMICO DE DIVERSOS ALIMENTOS

100%
Glucose
80-90 %
Flocos de milho
Cenoura
Purê de batata
Maltose
Mel
70-79%
Pão integral
Arroz branco cozido
60-69%
Pão branco
Arroz integral
Musli
Biscoito de água
Banana
Uva passa
50-59%
Espaghetti (branco)
Milho cozido
All-Brain
Biscoito de aveia
Ervilha
Sucrose
Batata frita

40-49%
Espaghetti integral
Mingau de aveia cozido em água
Batata doce
Laranja
Suco de laranja
Feijão cozido
30-39%
Maçã ácida
Sorvete
Leite (integral)
Leite (desnatado)
Iogurte
Sopa de tomate
20-29 %
Lentilha
Frutose
10-19 %
Soja Amendoim

Fonte: Jenkins, D. J. A. et al. Starchy foods and glicemic index. **Diabetes Care** 11 : 149, 1988.

TABELA DE COMPOSIÇÃO QUÍMICA DOS ELEMENTOS

ALIMENTOS	CALORIAS	PROTEÍNAS g	GORDURAS g	GLICÍDIOS	CÁLCIO mg	FÓSFORO mg	FERRO mg	VIT. A mcg	VIT. B1 mg	VIT. B2 mg	VIT. C mg
Abacate comum	204,50	2,10	19,30	5,60	30	46	0,80	90	0,07	0,10	10
Abacate-roxo	96,40	1,40	8,80	2,90	14	34	0,60	4	0,06	0,33	16
Abacaxi	28,90	0,30	0,50	5,80	16	11	0,30	21	0,08	0,13	27
Abacaxi (suco)	54,10	0,30	0,10	13,00	16	13	0,10	15	0,05	0,02	19
Abacaxi enlatado	61,20	0,40	0	14,90	20	8	0,70	7	0,07	0,02	14
Abiu	156,00	1,80	0,40	36,30	22	41	1,00	130	0,02	0,02	49
Abóbora (flores)	19,10	1,40	0,30	2,70	47	86	1,00	200	0,02	0,11	18
Abóbora madura	34,60	0,60	0,20	7,60	19	22	0,50	95	0,04	0,04	15
Abóbora (semente)	592,20	30,30	45,80	14,70	38	1064	9,20	15	0,23	0,16	0
Abobrinha	27,80	1,00	0,20	5,50	19	32	0,60	15	0,05	0,04	19
Abricó	52,60	0,60	0,20	12,10	13	12	0,40	90	0,03	0,05	16
Acelga	32,40	1,60	0,40	5,60	110	29	3,60	875	0,03	0,09	34
Açúcar cristal e refinado	396,40	0	0	99,10	5	1	0,10	0	0	0	*
Açúcar mascavo	368,00	.	.	92,00	332	79	15,80	.	0,02	0,11	2
Agrião	28,00	2,80	0,40	3,30	117	76	1,90	1105	0,12	0,10	44
Alcachofra	36,20	2,70	0,20	5,90	44	58	0,80	95	0,06	0,07	5
Alface	18,60	1,30	0,20	2,90	43	34	1,30	260	0,08	0,08	12
Alho	140,20	5,30	0,20	29,30	38	134	1,40	5	0,21	0,08	9
Alho-poró	65,80	1,80	0,20	14,20	56	48	1,30	10	0,09	0,06	16
Almeirão ou escarola	25,00	1,70	0,20	4,10	79	*	1,70	790	0,07	0,12	11
Ameixa enlatada	92,90	0,40	0,10	22,60	8	13	1,00	315	0,02	0,03	1
Ameixa-do-Japão ou Nêspera	49,00	0,20	0,60	10,70	18	14	0,80	130	0,02	0,05	10
Ameixa-vermelha	51,80	0,60	0,20	11,90	8	15	0,40	40	0,03	0,04	6
Amêndoa	639,70	18,60	54,10	19,60	254	475	4,40	0	0,25	0,67	.
Amendoim com pele	583,20	25,50	44,00	21,30	6	393	3,00	10	0,91	0,21	1
Arroz integral	352,70	7,20	1,50	77,60	14	231	2,60	0	0,22	0,05	0
Arroz polido	353,00	7,20	0,60	79,70	9	104	1,30	0	0,08	0,03	0
Aspargo fresco	27,40	2,00	0,20	4,40	27	43	1,20	285	0,12	0,10	8
Aspargo enlatado	19,70	1,70	0,10	3,00	21	40	1,00	150	0,07	0,13	16
Aveia (flocos)	328,60	14,00	1,40	65,00	*	*	*	0	0,53	0,11	0
Avelã	691,20	10,80	63,20	19,80	254	319	3,60	65	0,46	0,55	7
Azeite-de-dendê	893,50	0	99,10	0,40	7	8	5,50	13640	.	0,03	*
Azeitona preta	181,80	1,60	19	1,10	61	17	1,00	81	0,01	0,01	0
Azeitona verde	138,70	1,50	13,50	2,80	61	17	1,00	75	.	*	6
Bacalhau salgado	352,40	81,80	2,80	*	50	891	3,60	0	0,08	0,45	0
Bacon	627,80	9,10	65,00	1,60	13	108	0,80	0	0,38	0,12	0

158

ALIMENTOS	CALORIAS	PROTEÍNAS g	GORDURAS g	GLICÍDIOS	CÁLCIO mg	FÓSFORO mg	FERRO mg	VIT. A mcg	VIT. B1 mg	VIT. B2 mg	VIT. C mg
Bambu (broto)	35,40	2,30	0,20	6,10	33	41	0,40	10	0,15	0,07	4
Banana (todos os tipos)	108,20	1,20	0,20	25,40	9	27	0,60	50	0,04	0,04	11
Bananada	288,50	3,20	0,50	67,80	*	*	*	0	0,14	0,10	4
Banha de porco	894,60	0	99,40	0	0	0	0	0	0	0	0
Batata-doce amarela	122,30	1,30	0,30	28,60	31	37	1,00	1815	0,11	0,04	31
Batata-doce branca	122,30	1,30	0,30	28,60	31	37	1,00	30	0,11	0,04	31
Batata-doce roxa	94,90	1,80	0,10	21,70	40	62	0,90	1050	0,09	0,02	23
Batata-inglesa sem casca	79,70	1,80	0,10	17,90	6	40	0,80	.	0,09	0,03	16
Beldroega	31,60	2,00	0,40	5,00	79	32	3,60	750	0,02	0,10	23
Berinjela	31,90	1,00	0,30	6,30	23	31	0,80	.	0,04	0,04	5
Bertalha	23,00	1,20	0,20	4,10	346	11	3,90	860	0,03	0,08	69
Beterraba (folhas)	48,80	3,20	0,40	8,10	114	34	3,10	1575	0,07	0,22	50
Beterraba (raiz)	45,70	1,70	0,10	9,50	14	38	0,80	.	0,01	0,04	5
Bolacha	436,00	9,60	13,20	69,70	49	126	1,60	0	0,13	0,13	0
Brócolos	49,00	4,50	0,60	6,40	116	81	1,30	560	0,12	0,18	94
Bucho (vaca)	85,90	14,00	2,70	1,40	60	50	2,20	70	0,01	0,09	0
Café (infusão 1/100)	0,40	.	.	0,10	1	1	.	0	.	.	0
Café (infusão 2/100)	1,60	0,10	.	0,30	2	2	0,10	0	.	.	0
Café (infusão 3/100)	2,00	0,10	.	0,40	2	2	0,10	0	.	.	0
Café (infusão 4/100)	3,70	0,20	0,10	0,50	3	3	0,10	0	0,10	0,10	0
Café (infusão 5/100)	4,10	0,20	0,10	0,70	4	4	0,20	0	0,10	0,10	0
Café (infusão 6/100)	5,30	0,30	0,10	0,80	5	5	0,20	0	0,10	0,10	0
Café (infusão 7/100)	5,70	0,30	0,10	0,90	6	6	0,20	0	0,10	0,10	0
Café (infusão 8/100)	6,50	0,40	0,10	1,00	7	7	0,30	0	0,10	0,10	0
Café (infusão 9/100)	7,30	0,40	0,10	1,20	7	7	0,30	0	0,10	0,10	0
Cajá-manga	33,10	0,50	0,30	7,10	*	*	*	190	0,05	0,04	36
Caju	51,40	0,80	0,20	11,60	4	18	1,00	120	0,03	0,03	219
Caldo de carne	36,70	5,80	1,50	0	64	255	9,00	.	.	.	.
Camarão fresco	81,00	17,30	0,20	2,50	94	230	1,60	*	0,04	0,10	*
Camarão seco salgado	275,80	63,00	2,20	1,00	684	779	4,90	*	0,10	0,08	0
Cambuquira	34,00	4,20	0,40	3,40	127	96	5,80	915	0,14	0,17	58
Cana-de-açúcar	84,10	0,30	0,10	20,50	13	12	0,70	.	0,02	0,01	2
Canjica	346,70	8,00	1,10	76,20	17	174	1,00	5	0,12	0,03	*
Caqui	86,80	0,80	0,40	20,00	6	26	0,30	750	0,05	0,05	11
Carambola	39,90	0,50	0,30	8,80	5	18	0,40	90	0,04	0,02	35
Cará e inhame	107,00	2,00	0,20	24,30	14	43	1,30	.	0,13	0,02	3

ALIMENTOS	CALORIAS	PROTEÍNAS g	GORDURAS g	GLICÍDIOS	CÁLCIO mg	FÓSFORO mg	FERRO mg	VIT. A mcg	VIT. B1 mg	VIT. B2 mg	VIT. C mg
Caranguejo fresco	88,30	17,30	1,90	0,50	43	175	0,80	650	0,16	0,08	2
Carne de cabrito	159,40	18,70	9,40	0	11	*	2,20	0	0,17	0,32	0
Carne de carneiro média	247,40	18,70	19,40	0	7	190	2,50	0	0,07	0,15	0
Carne de coelho	153,60	20,40	8,00	0	18	210	2,40	0	0,04	0,18	0
Carne de frango	164,60	18,20	10,20	0	14	200	1,50	*	0,08	0,16	0
Carne de galinha	240,70	18,10	18,70	0	10	201	1,80	20	0,02	0,14	2
Carne de pato ou pombo	321,40	16,00	28,60	0	15	188	1,80	*	0,10	0,24	0
Carne de peru	262,20	20,10	20,20	0	23	320	3,80	*	0,09	0,14	0
Carne de porco média	211,40	15,50	16,60	0	5	204	1,60	0	0,83	0,20	0
Carne de vaca magra	107,20	21,40	2,40	0	16	179	4,00	0	0,07	0,20	0
Carne de vaca média	238,60	18,70	18,20	0	4	207	3,20	0	0,06	0,17	0
Carne de vaca gorda	292,60	16,00	25,40	0	8	210	2,60	0	0,06	0,16	0
Carne de vaca salgada	148,40	24,50	5,60	0	50	272	7,90	0	0,08	0,22	0
Carne de vaca seca	299,70	64,80	4,50	0	93	161	9,70	*	0,02	0,25	0
Castanha de caju	561,80	15,20	37,00	42,00	24	580	1,80	0	0,85	0,32	*
Castanha do pará	699,00	17,00	67,00	7,00	172	746	5,00	25	1,09	0,12	10
Castanha portuguesa	190,70	2,80	1,50	41,50	34	90	0,80	50	0,17	0,23	0
Cebola	46,20	1,40	0,20	9,70	30	40	1,00	5	0,04	0,03	10
Cebolinha	31,40	1,80	0,60	4,70	42	43	3,40	615	0,05	0,11	39
Cenoura	42,40	0,80	0,40	8,90	34	26	0,90	3530	0,06	0,04	5
Cereja	70,00	1,80	0,40	14,80	34	32	0,30	30	0,05	0,10	15
Cerveja	21,60	0,30	0	5,10	0	15	0,10	0	0,01	0,03	0
Chicória	25,20	2,40	*	3,90	93	35	*	2185	0,07	0,12	5
Chocolate doce	466,80	3,80	16,80	75,10	46	150	2,80	5	0,05	0,09	0
Chouriço	153,80	18,20	8,60	0,90	12	50	44,90	20	0,02	0,05	1
Chuchu	36,20	0,90	0,20	7,70	12	30	0,60	5	0,03	0,04	20
Coalhada	258,90	15,60	18,90	6,10	490	270	1,50	205	0,04	0,73	0
Coco (leite)	18,10	0,20	0,10	4,10	20	11	0,40	0	0	0,01	2
Coco maduro	313,60	3,50	27,20	13,70	13	83	1,80	0	0,04	0,03	4
Coco verde	130,70	1,90	11,90	4,00	11	42	1,10	.	0,05	0,03	7
Coco ralado seco	667,80	6,30	57,40	31,50	59	155	3,60	*	*	*	*
Cogumelo enlatado	18,10	1,90	0,10	2,40	6	68	0,50	.	0,02	0,25	2
Cogumelo fresco	31,10	2,70	0,30	4,40	6	116	0,80	.	0,10	0,46	3
Coração de vaca	110,60	17,00	3,40	3,00	10	187	5,40	15	0,32	0,88	.
Costela de porco	297,20	15,80	26,00	0	9	177	2,40	0	0,77	0,18	0
Couve de bruxelas	63,10	5,20	0,30	9,90	47	92	1,70	145	0,17	0,16	82

ALIMENTOS	CALORIAS	PROTEÍNAS g	GORDURAS g	GLICÍDIOS	CÁLCIO mg	FÓSFORO mg	FERRO mg	VIT. A mcg	VIT. B1 mg	VIT. B2 mg	VIT. C mg
Couve-flor	40,80	2,80	0,40	6,50	33	58	1,00	10	0,09	0,11	82
Couve-manteiga	54,30	4,50	0,70	7,50	252	66	2,20	2015	0,16	0,24	125
Couve-rábano	33,30	2,00	0,10	6,10	32	48	0,30	.	0,05	0,03	60
Couve-tronchuda	20,30	1,80	0,30	2,60	388	*	2,80	1830	0,16	0,24	125
Creme de leite enlatado	249,00	2,50	25,00	3,50	0	0	0	0	0	0	0
Creme de leite grosso	347,00	2,30	36,60	2,10	77	66	0,10	365	0,03	0,11	2
Damasco seco	130,80	3,10	.	29,60	71	113	7,60	4110	0,17	0,10	15
Dextrosol	366,00	0	0	91,50	*	*	*	*	*	*	*
Doce de batata-doce	345,50	1,80	0,70	83,00	24	35	0,60	*	*	*	6
Doce de laranja	316,40	0,70	.	78,40	30	14	0,30	*	*	*	11
Doce de leite	289,60	8,70	4,00	54,70	176	139	0,30	0	0	0	0
Ervilha enlatada	58,50	5,20	0,10	9,20	27	122	2,00	*	*	0,07	4
Ervilha fresca	118,00	7,60	0,40	21,00	24	124	2,00	125	0,38	0,14	26
Ervilha partida	352,00	22,50	2,00	61,00	80	290	5,80	25	0,57	0,17	1
Espinafre	37,10	2,80	0,70	4,90	60	30	3,20	1170	0,06	0,17	46
Farinha láctea	424,60	13,50	7,80	75,10	260	260	4,00	450	0,36	0	0
Farinha de mandioca	342,90	1,40	0,50	83,20	21	125	0,80	*	0,07	0,11	10
Farinha de milho amarelo	353,10	9,60	3,10	71,70	18	190	0,90	202	0,11	0,17	0
Farinha de trigo	355,40	10,50	1,00	76,10	16	87	0,80	0	0,06	0,05	0
Farinha de trigo integral	353,90	11,20	1,10	74,80	29	245	3,00	0	0,66	0,15	0
Fava fresca	122,00	9,30	0,40	20,30	31	140	2,30	60	0,28	0,17	28
Fécula de batata	340,30	6,40	0,30	78,00	72	162	3,40	0	0,18	0,09	9
Feijão branco	359,80	20,20	1,40	66,60	476	439	11,90	5	0,60	0,30	*
Feijão comum	345,60	22,00	1,60	60,80	86	247	7,60	5	0,54	0,19	3
Feijão preto	344,10	20,70	1,30	62,40	145	471	4,20	19	0,24	0,18	1
Figada	235,70	0,70	0,10	58,00	*	*	*	*	*	*	*
Fígado de porco	135,40	19,20	5,40	2,50	12	306	5,30	4200	0,29	2,55	14
Fígado de vaca	128,70	19,80	3,90	3,60	11	278	5,10	8660	0,26	2,37	11
Figo em calda	168,20	0,60	0,20	41,00	13	13	0,40	9	0,03	0,03	1
Figo-da-índia	38,00	0,50	0	9,00	11	11	0,40	0	0	0	15
Figo maduro	69,00	1,20	0,20	15,60	50	30	0,50	3	0,04	0,05	4
Figo seco	231,70	3,60	1,30	51,40	223	104	3,10	16	0,09	0,10	0
Flocos de milho	383,20	8,20	0,40	86,70	20	283	2,90	*	*	*	*
Framboesa	63,00	1,20	0,60	13,20	34	36	2,00	10	0,02	0,04	16
Fruta-do-conde	106,60	1,60	0,20	24,60	28	36	1,80	.	0,11	0,15	35
Fruta-pão	90,10	1,30	0,50	20,10	27	33	1,90	.	0,10	0,06	29

ALIMENTOS	CALORIAS	PROTEÍNAS g	GORDURAS g	GLICÍDIOS	CÁLCIO mg	FÓSFORO mg	FERRO mg	VIT. A mcg	VIT. B1 mg	VIT. B2 mg	VIT. C mg
Fubá	344,60	7,80	2,20	73,40	16	152	0,90	11	0,08	0,72	
Funcho	35,20	2,80	0,40	5,10	100	51	2,70	1050	.	.	31
Garapa	24,40	0,10	0	6,00	25	30	1,20	0	0,01	0,02	0
Gelatina (folha e pó)	343,30	85,60	0,10	0	0	0	0	0	0	0	0
Geléia de abacaxi	318,60	0,40	0,20	78,80	*	*	*	*	*	*	*
Geléia de amora	233,40	0,50	0,20	57,40	*	*	*	*	*	*	*
Geléia de cidra	208,90	0,30	0,10	51,70	*	*	*	*	*	*	*
Geléia de framboesa	286,60	0,60	0,20	70,60	*	*	*	*	*	*	*
Geléia de goiaba	308,30	0,40	0,30	76,00	*	*	*	*	*	*	5
Geléia de maçã	254,10	0,30	0,10	63,00	*	*	*	*	*	*	*
Geléia de mocotó	84,00	4,00	.	17,00	*	*	*	*	*	*	*
Geléia de morango	258,20	0,60	0,20	63,50	*	*	*	*	*	*	25
Geléia de uva	272,50	0,20	0,10	67,70	*	*	*	*	*	*	*
Gergelim (semente)	624,60	17,60	52,20	21,10	1212	620	10,40	5	0,98	0,25	0
Goiaba	76,40	0,90	0,40	17,30	22	26	0,70	80	0,04	0,04	218
Goiabada	273,20	.	0	68,30	8	*	*	*	*	0,12	15
Gordura hidrogenada	886,50	0	98,50	0	0	0	0	0	0	0	0
Grão-de-bico	373,00	18,20	6,20	61,10	134	324	7,30	15	0,46	0,16	1
Groselha (xarope)	246,40	.	.	61,60	*	*	*	*	*	*	*
Groselha	34,20	0,70	1,00	5,60	11	20	1,20	15	1,01	1,01	4
Iogurte integral	62,20	3,00	3,40	4,90	111	87	.	42	0,03	0,16	1
Jabuticaba	50,80	0,10	0	12,60	6	9	0,50	0	0,02	0,02	23
Jaca	109,50	1,30	0,30	25,40	22	38	*	*	0,03	0,06	8
Jambo-rosa	27,00	0,80	0,20	5,50	20	10	0,10	61	0,02	0,03	0
Karo	292,00	0	0	73,00	*	*	*	*	*	*	*
Lagosta fresca	83,90	16,20	1,90	0,50	40	184	0,50	*	0,13	0,06	0
Laranja (compota)	341,30	0,60	0,10	84,50	*	*	*	0	0	0	0
Laranja fresca	47,00	0,80	0,20	10,50	34	20	0,70	40	0,09	0,03	59
Laranja pera doce	55,70	0,70	0,10	13,00	43	17	0,60	20	0,06	0,04	42
Laranja (suco fresco)	41,50	0,40	0,30	9,30	11	15	0,70	40	0,05	0,02	53
Leite de cabra	93,00	3,90	6,20	5,40	190	129	0,20	25	0,06	0,19	1
Leite condensado	327,20	8,10	8,40	54,80	273	228	0,20	129	0,05	0,39	1
Leite desnatado (pó)	345,80	35,00	1,00	49,20	1140	1030	0,40	10	0,25	1,46	5
Leite integral (pó)	488,30	26,10	25,50	38,60	921	772	0,80	255	0,31	1,42	4
Leite de vaca (tipo C)	63,00	3,50	3,00	5,50	160	91	0,30	30	0,04	0,21	1
Leite de vaca integral	65,50	3,30	3,50	5,20	152	86	0,30	35	0,04	0,20	1

ALIMENTOS	CALORIAS	PROTEÍNAS g	GORDURAS g	GLICÍDIOS	CÁLCIO mg	FÓSFORO mg	FERRO mg	VIT. A mcg	VIT. B1 mg	VIT. B2 mg	VIT. C mg
Lentilha	349,30	23,70	1,30	60,70	68	353	7,00	10	0,46	0,33	5
Levedo de cerveja fresco	98,00	10,60	0,40	13,00	25	605	4,90	0	0,45	2,07	0
Lima-da-pérsia	42,20	0,40	1,40	7,00	24	14	0,40	5	0,03	0,02	40
Limão	40,20	0,60	0,60	8,10	41	15	0,70	5	0,06	0,02	51
Limão (suco)	33,80	0,30	0,20	7,70	10	10	0,40	5	0,03	0,01	51
Língua de vaca	186,40	16,00	13,20	0,90	16	142	1,50	0	0,08	0,31	0
Lingüiça mista	181,70	16,60	11,70	2,50	40	144	4,70	15	0,15	0,15	0
Lula	79,00	17,00	1,00	0,50	12	290	0,40	1	0,03	12	0
Maçã	64,70	0,30	0,30	15,20	6	10	0,40	10	0,03	0,05	6
Macarrão	336,00	10,30	0,40	72,80	26	131	2,10	0	0,12	0,08	0
Maisena	358,20	0,30	0,60	87,90	*	*	*	*	*	*	*
Mamão maduro	36,10	0,50	0,10	8,30	20	13	0,40	110	0,03	0,04	46
Mamão verde	31,70	0,80	0,10	6,90	41	22	0,30	.	0,04	0,04	36
Mandioca	138,80	1,00	0,40	32,80	40	34	1,40	0	0,05	0,04	19
Mandioquinha	104,60	0,80	0,20	24,90	29	58	1,20	60	0,06	0,04	28
Manga	65,40	0,50	0,20	15,40	12	12	0,80	630	0,05	0,06	53
Mangarito	133,10	1,70	0,30	30,90	14	56	0,80	10	0,13	0,03	5
Manteiga fresca	760,00	1,00	84,00	0	19	18	0,20	840	.	0,01	0
Maracujá	89,70	1,90	1,30	17,60	9	39	2,90	10	0	0,12	15
Margarina	733,00	0,60	81,00	0,40	3	13	0,30	360	0	0	0
Marmelada	287,90	0,50	0,30	70,80	12	12	0,30	0	0,02	0,02	6
Massa de tomate	91,60	3,40	0,40	18,60	27	70	3,50	99	0,20	0,12	49
Mel de abelha	312,80	0,20	0	78,00	20	16	0,80	.	0,01	0,07	4
Melado de cana	294,20	0,50	0,20	72,60	70	42	1,20	0	0,02	0,06	3
Melancia	24,10	0,50	0,10	5,30	6	7	0,20	70	0,02	0,03	5
Melão	27,70	0,50	0,10	6,20	15	15	1,20	350	0,04	0,03	29
Mexilhão fresco	72,80	12,60	1,60	2,00	38	168	5,80	30	0,10	0,18	10
Milho verde	112,70	3,90	1,10	21,80	8	108	0,80	10	0,13	0,08	8
Miolo de vaca	131,20	10,40	9,60	0,80	12	200	3,20	175	0,15	0,23	14
Mexerica carioca ou mineira	49,00	0,80	0,20	11,00	37	16	0,20	165	0,10	0,03	36
Mocotó de vaca	97,40	16,60	3,00	1,00	92	65	1,10	0	0,02	0,07	.
Morango	39,90	0,80	0,30	8,50	29	29	1,00	10	0,03	0,04	70
Mortadela	309,00	20,40	25,00	0,60	12	238	3,10	.	.	.	.
Mostarda (folhas)	33,20	2,60	0,40	4,80	80	40	4,00	610	0,07	0,21	62
Nabo	24,50	1,70	0,10	4,20	20	20	1,50	0	0,04	0,04	26
Nabo (folhas)	71,70	2,90	1,70	11,20	136	38	4,60	1340	0,08	0,15	120

ALIMENTOS	CALORIAS	PROTEÍNAS g	GORDURAS g	GLICÍDIOS	CÁLCIO mg	FÓSFORO mg	FERRO mg	VIT. A mcg	VIT. B1 mg	VIT. B2 mg	VIT. C mg
Óleo vegetal	900,00	*	100,00	0	0	0	0	0	0	0	0
Ostra	41,70	5,80	0,50	3,50	133	76	6,80	*	0,04	0,38	*
Ova de peixe	124,30	24,40	2,30	1,50	0	0	0,60	900	0,20	1,00	.
Ovo de galinha (clara)	49,80	11,00	0,20	1,00	9	20	0,80	0	0,01	26	0
Ovo de galinha (gema)	334,80	16,00	29,20	2,00	117	466	6,00	750	0,23	0,33	0
Ovo de galinha (inteiro)	144,20	11,30	9,80	2,70	54	204	2,50	125	0,14	0,37	0
Ovo de pata	190,60	13,00	14,20	2,70	58	193	1,70	99	0,13	0,55	0
Palmito	31,40	2,20	0,20	5,20	86	79	0,80	.	0,04	0,09	17
Pão	311,80	10,80	1,80	63,10	32	101	1,80	0	0,08	0,06	0
Pão de centeio	256,70	9,20	0,70	53,40	38	178	2,80	0	0,19	0,08	0
Pão integral	281,10	9,40	1,50	57,50	49	209	3,60	0	0,19	0,13	0
Peixe gordo (bagre)	221,60	17,60	16,80	0	32	194	0,60	*	0,04	0,08	0
Peixe magro fresco	93,70	19,60	1,70	0	27	197	0,80	*	0,04	0,08	0
Pele de porco ou couro	526,90	58,50	30,50	4,60	94	88	6,20	0	0,03	0,38	0
Pepino	17,30	0,70	0,10	3,40	16	24	0,60	5	0,03	0,04	14
Pêra	62,20	0,30	0,20	14,80	6	10	0,50	5	0,02	0,03	5
Pêra enlatada	75,30	0,50	0,10	18,10	9	17	0,20	*	*	0,02	1
Pé de porco	278,80	20,20	22,00	0	12	245	3,00	0	0,98	0,24	0
Pessegada	274,40	.	.	68,60	21	291	4,60	*	*	*	5
Pêssego	58,20	0,80	0,20	13,30	12	26	1,10	5	0,03	0,06	28
Pêssego enlatado	42,80	0,40	0	10,30	3	11	0,30	525	0,03	0,02	4
Pimenta fresca	45,00	1,90	0,60	8,00	20	28	1,70	470	0,09	0,13	91
Pimentão	35,90	1,20	0,30	7,10	8	27	0,60	145	0,06	0,06	114
Pinhão cozido	217,80	4,00	1,80	46,40	36	150	1,10	*	*	*	14
Pipoca	373,90	9,40	4,30	74,40	9	290	2,50	5	0,43	0,10	0
Polvilho	340,00	.	.	85,00	*	*	*	*	*	*	*
Presunto médio cru	303,00	15,90	26,60	0	9	178	2,40	*	0,77	0,19	0
Queijo branco fresco	300,00	18,00	24,00	3,00	162	*	0,50	240	0,05	0,47	0
Queijo duro minas	387,00	25,00	31,00	2,00	700	*	1,00	310	0,01	0,45	0
Queijo parmesão	337,00	34,00	21,00	3,00	950		1,40	210	0,02	0,61	0
Queijo tipo suíço ou prato	368,80	27,50	28,00	1,70	925	563	0,90	435	0,01	0,40	0
Quiabo	49,40	2,20	0,20	9,70	78	62	1,10	100	0,06	0,12	29
Rã	68,30	16,40	0,30	0	18	147	1,50	0	0,14	0,25	.
Rabanete (folhas)	55,30	2,80	0,50	9,90	238	44	2,80	1645	0,14	0,26	122
Rabanete (raiz)	24,50	0,90	0,10	5,00	26	30	1,20	.	0,03	0,03	28
Rapadura	368,50	0,40	0,50	90,60	51	44	4,20	.	0,02	0,11	2

REFRIGERAN-TES/ ALIMENTOS	CALORIAS	PROTEÍNAS g	GORDURAS g	GLICÍDIOS	CÁLCIO mg	FÓSFORO mg	FERRO mg	VIT. A mcg	VIT. B1 mg	VIT. B2 mg	VIT. C mg
Coca-Cola	42,40	0	0	10,60	*	*	*	*	*	*	*
Guaraná	68,80	0	0	17,20	*	*	*	*	*	*	*
Pó para refresco	237,60	0	0	59,40	*	*	*	*	*	*	*
Tubaína	50,40	0	0	12,60	*	*	*	*	*	*	*
Repolho	33,00	1,70	0,20	6,10	43	36	0,70	30	0,06	0,04	43
Requeijão	235,20	30,90	12,40	.	324	206	1,20	1500	0,01	0,10	0
Rim de porco	141,10	16,40	7,90	1,10	8	245	5,40	30	0,35	2,88	9
Rim de vaca	119,40	16,80	5,00	1,80	13	260	5,70	300	0,34	1,82	10
Romã	74,30	0,80	0,70	16,20	10	34	0,60	0	0,07	0,03	8
Sagu	352,00	0,60	0,10	86,40	*	*	*	*	*	*	*
Sardinha fresca	269,30	23,00	19,70	.	25	264	1,30	240	0,22	0,50	*
Sardinha enlatada (azeite)	312,60	20,50	25,40	0,50	35	367	1,80	57	0,02	0,17	0
Salsa	52,50	3,20	0,60	8,50	195	52	3,10	1820	0,12	0,24	146
Salsão	21,80	0,80	0,20	4,20	52	36	1,40	10	0,02	0,04	8
Salsicha	332,40	17,40	29,20	.	11	216	2,50	*	0,70	0,04	*
Semolina	339,10	10,30	0,30	73,80	21	82	0,60	*	0,06	*	*
Serralha	25,20	2,40	*	3,90	93	35	*	2185	0,07	0,12	5
Soja (broto)	24,10	3,00	0,10	2,80	15	36	2,00	1	0,15	0,06	25
Soja (farinha sem gordura)	356,90	42,80	3,30	39,00	225	668	8,80	*	0,59	0,24	0
Soja (grão seco)	423,20	33,40	16,40	35,50	222	730	11,50	*	0,88	0,27	*
Soja (leite)	39,80	3,00	1,40	3,80	36	30	0,40	10	0,05	0,04	0
Soja (misso)	182,50	10,00	1,70	31,80	81	180	3,50	0	0,05	0,10	0
Soja okara (resíduo)	67,90	3,50	1,90	9,20	76	43	1,40	0	0,03	0,02	0
Soja (shoyu)	41,00	6,90	0,60	2,00	50	170	4,80	0	0,02	0,08	0
Soja (tofu)	63,10	6,00	3,50	1,90	160	86	1,40	0	0,02	0,02	0
Sorvete de creme	208,00	5,00	12,00	20,00	150	120	0,40	*	*	*	*
Tâmara semi-seca	248,80	1,40	0,40	59,90	60	29	0,70	20	0,09	0,08	1
Tamarindo	303,20	3,10	0,40	71,80	54	108	1,00	20	0,44	0,16	6
Tangerina "ponkan"	48,20	0,70	0,20	10,90	30	16	0,40	40	0,08	0,03	33
Tapioca	349,80	0,60	0,20	86,40	10	18	0,40	0	0	0	0
Tomate	24,30	0,80	0,30	4,60	7	24	0,60	180	0,06	0,05	23
Torrada	312,80	11,00	1,60	63,60	*	*	*	*	0,05	0,06	0
Torresmo	540,40	9,10	56,00	.	37	38	1,30	*	*	*	*
Toicinho fresco	813,00	3,00	89,00	0	*	*	*	0	*	*	*
Tremoço	383,60	41,00	11,20	29,70	1087	357	3,00	.	0,28	0,50	
Trigo (grão inteiro)	368,00	11,70	2,00	75,80	53	374	5,00	6	0,49	0,19	0

ALIMENTOS	CALORIAS	PROTEÍNAS g	GORDURAS g	GLICÍDIOS	CÁLCIO mg	FÓSFORO mg	FERRO mg	VIT. A mcg	VIT. B1 mg	VIT. B2 mg	VIT. C mg
Uva	75,50	0,60	0,70	16,70	12	15	0,90	.	0,05	0,04	3
Uva passa	313,50	2,50	0,30	75,20	50	73	3,00	0	0,12	0,13	12
Vagem	36,20	2,00	0,20	6,60	55	45	1,70	110	0,08	0,11	18

Esta tabela foi elaborada pela Faculdade de Saúde Pública da Universidade de São Paulo – Departamento de Nutrição, a partir de dados compilados de diversas tabelas de composição química dos alimentos
0 = ausência do nutriente
. = quantidade muito reduzida do nutriente
* = falta de informações ou dados pouco dignos de confiança
A tabela assinala as quantidades de nutrientes contidas em 100 gramas de cada alimento.

ASPECTOS DA ACADEMIA TEMPLO GYM...

...Academia do MISTER OLYMPIA DORIAN YATES, conhecida pelo seu ambiente brutal e penumbroso. Com certeza o melhor exemplo de...

...academia underground no mundo. A Templo Gym é restrita para poucos atletas. Quem treina lá, treina sério e concentrado, normalmente com um partner (parceiro de treino). Conversa e brincadeiras só depois...

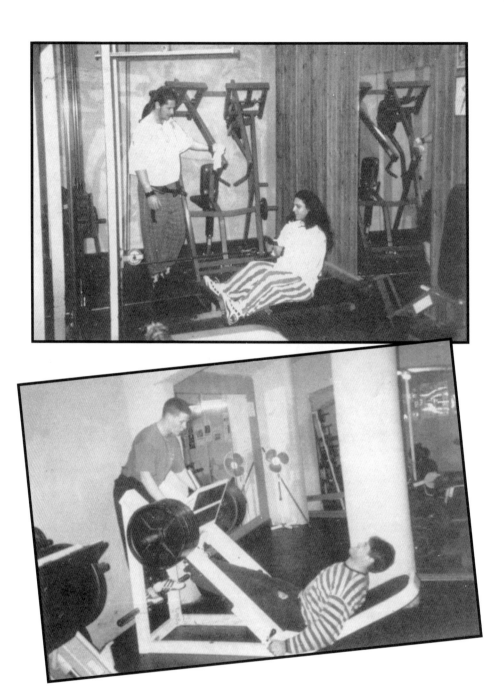

...do treino quando normalmente sentamos ao redor de uma mesa para a refeição pós-treino, a mais importante do dia e conversar sobre tudo, mas principalmente sobre o treino e tudo o que o envolve.

Waldemar e o Mister Olympia Dorian Yates.

Waldemar, Mister Olympia Dorian Yates e o seu partner Leroy Davis.

WALDEMAR GUIMARÃES

**Acesse o site
www.waldemarguimaraes.com.br
e fique de cara com o
treinamento hardcore**